2024年版全国一级建造师执业资格考试辅导

铁路工程管理与实务

章节刷题

全国一级建造师执业资格考试辅导编写委员会　编写

中国建筑工业出版社
中国城市出版社

图书在版编目（CIP）数据

铁路工程管理与实务章节刷题/全国一级建造师执业资格考试辅导编写委员会编写. —北京：中国城市出版社，2024.5

2024年版全国一级建造师执业资格考试辅导
ISBN 978-7-5074-3698-3

Ⅰ. ①铁… Ⅱ. ①全… Ⅲ. ①铁路工程—工程管理—资格考试—习题集 Ⅳ. ①U2-44

中国国家版本馆CIP数据核字（2024）第075619号

责任编辑：李笑然
责任校对：芦欣甜

2024年版全国一级建造师执业资格考试辅导

铁路工程管理与实务章节刷题

全国一级建造师执业资格考试辅导编写委员会　编写

*

中国建筑工业出版社、中国城市出版社出版、发行（北京海淀三里河路9号）
各地新华书店、建筑书店经销
建工社（河北）印刷有限公司印刷

*

开本：787毫米×1092毫米 1/16　印张：$13\frac{1}{4}$　字数：321千字
2024年5月第一版　2024年5月第一次印刷
定价：68.00元（含增值服务）
ISBN 978-7-5074-3698-3
（904715）

如有内容及印装质量问题，请联系本社读者服务中心退换
电话：（010）58337283　QQ：2885381756
（地址：北京海淀三里河路9号中国建筑工业出版社604室　邮政编码：100037）

版权所有　翻印必究

请读者识别、监督：
　　本书封面有网上增值服务码，环衬为有中国建筑工业出版社水印的专用防伪纸，封底贴有中国建筑工业出版社专用防伪标，否则为盗版书。
　　举报电话：（010）58337026；举报QQ：3050159269
　　本社法律顾问：上海博和律师事务所许爱东律师

出 版 说 明

为了满足广大考生的应试复习需要，便于考生准确理解考试大纲的要求，尽快掌握复习要点，更好地适应考试，根据"一级建造师执业资格考试大纲"（2024年版）（以下简称"考试大纲"）和"2024年版全国一级建造师执业资格考试用书"（以下简称"考试用书"），我们组织全国著名院校和企业以及行业协会的有关专家教授编写了"2024年版全国一级建造师执业资格考试辅导——章节刷题"（以下简称"章节刷题"）。此次出版的章节刷题共13册，涵盖所有的综合科目和专业科目，分别为：

- 《建设工程经济章节刷题》
- 《建设工程项目管理章节刷题》
- 《建设工程法规及相关知识章节刷题》
- 《建筑工程管理与实务章节刷题》
- 《公路工程管理与实务章节刷题》
- 《铁路工程管理与实务章节刷题》
- 《民航机场工程管理与实务章节刷题》
- 《港口与航道工程管理与实务章节刷题》
- 《水利水电工程管理与实务章节刷题》
- 《矿业工程管理与实务章节刷题》
- 《机电工程管理与实务章节刷题》
- 《市政公用工程管理与实务章节刷题》
- 《通信与广电工程管理与实务章节刷题》

《建设工程经济章节刷题》《建设工程项目管理章节刷题》《建设工程法规及相关知识章节刷题》包括单选题和多选题，专业工程管理与实务章节刷题包括单选题、多选题、实务操作和案例分析题。章节刷题中附有参考答案、难点解析、案例分析以及综合测试等。为了帮助应试考生更好地复习备考，我们开设了在线辅导课程，考生可通过中国建筑出版在线网站（wkc.cabplink.com）了解相关信息，参加在线辅导课程学习。

为了给广大应试考生提供更优质、持续的服务，我社对上述13册图书提供网上增值服务，包括在线答疑、在线视频课程、在线测试等内容。

章节刷题紧扣考试大纲，参考考试用书，全面覆盖所有知识点要求，力求突出重点，解释难点。题型参照考试大纲的要求，力求练习题的难易、大小、长短、宽窄适中。各科目考试时间、分值见下表：

序 号	科目名称	考试时间（小时）	满 分
1	建设工程经济	2	100
2	建设工程项目管理	3	130
3	建设工程法规及相关知识	3	130
4	专业工程管理与实务	4	160

  本套章节刷题力求在短时间内切实帮助考生理解知识点，掌握难点和重点，提高应试水平及解决实际工作问题的能力。希望这套章节刷题能有效地帮助一级建造师应试人员提高复习效果。本套章节刷题在编写过程中，难免有不妥之处，欢迎广大读者提出批评和建议，以便我们修订再版时完善，使之成为建造师考试人员的好帮手。

中国建筑工业出版社

中国城市出版社

2024 年 2 月

购正版图书　享超值服务

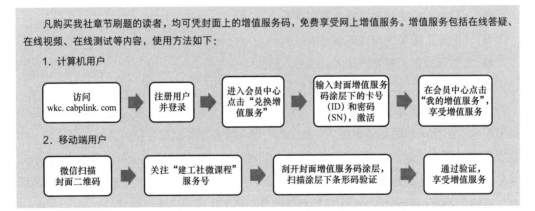

读者如果对图书中的内容有疑问或问题，可关注微信公众号【建造师应试与执业】，与图书编辑团队直接交流。

建造师应试与执业

目 录

第1篇 铁路工程技术

第1章 铁路工程施工测量 ··· 1
1.1 铁路工程测量 ··· 1
1.2 控制测量 ·· 4
1.3 施工测量方法 ··· 5
1.4 构筑物变形测量 ··· 9

第2章 铁路工程材料 ·· 12
2.1 混凝土原材料 ·· 12
2.2 钢筋与钢绞线 ·· 14
2.3 混凝土配合比确定 ··· 17
2.4 结构混凝土强度检测 ··· 18
2.5 混凝土质量评定 ·· 20
2.6 路基填料 ··· 22

第3章 铁路路基工程 ·· 25
3.1 路基施工 ··· 25
3.2 过渡段及特殊路基施工 ·· 36
3.3 营业线路基施工 ·· 37

第4章 铁路桥涵工程 ·· 40
4.1 桥梁下部施工 ·· 40
4.2 桥梁梁部施工 ·· 47
4.3 涵洞施工 ··· 55
4.4 营业线桥涵施工 ·· 56

第5章 铁路隧道工程 ·· 61
5.1 隧道围岩分级与施工方法 ·· 61

5.2 隧道超前地质预报与监控量测 63
5.3 隧道钻爆法施工 65
5.4 明挖隧道施工 69
5.5 隧道辅助坑道施工 70
5.6 特殊岩土及不良地质隧道施工 71
5.7 隧道盾构法施工 73
5.8 隧道掘进机法施工 73
5.9 隧道防排水施工 74
5.10 隧道施工辅助作业 75

第 6 章 铁路轨道工程 80

6.1 轨道类型及构造 80
6.2 有砟轨道工程施工 82
6.3 无砟轨道工程施工 85
6.4 轨道精调整理及预打磨 90
6.5 营业线轨道工程施工 91

第 7 章 铁路"四电"工程 94

7.1 电力工程施工 94
7.2 电力牵引供电工程施工 97
7.3 通信工程施工 101
7.4 信号工程施工 103

第 2 篇 铁路工程相关法规与标准

第 8 章 相关法规 106

8.1 相关法律法规规章 106
8.2 相关规范性文件 109

第 9 章 相关标准 113

9.1 技术标准 113
9.2 造价标准 114

第 3 篇 铁路工程项目管理实务

第 10 章 铁路工程企业资质与施工组织 116

10.1 铁路工程企业资质 116

10.2 施工区段划分与项目组织机构设置 117
10.3 施工组织设计 119
10.4 施工现场平面布置 120

第 11 章 工程招标投标与合同管理 122

11.1 工程招标投标 122
11.2 工程合同管理 122

第 12 章 施工进度管理 125

12.1 施工组织进度计划的编制 125
12.2 施工进度管理方法及控制措施 126

第 13 章 施工质量管理 128

13.1 工程质量控制方法及措施 128
13.2 工程质量通病及事故处理 129
13.3 工程质量检验与验收 129
13.4 竣工验收 130
13.5 工程保修期及缺陷责任期管理 131

第 14 章 施工成本管理 133

14.1 工程成本管理要求 133
14.2 工程项目成本管理方法 133

第 15 章 施工安全管理 136

15.1 施工生产安全管理 136
15.2 施工安全事故应急预案和调查处理 138

第 16 章 绿色建造及施工现场环境管理 140

16.1 绿色建造管理 140
16.2 施工现场环境保护 140
16.3 施工现场文明施工 141

第 17 章 技术管理与技术创新 143

17.1 施工技术管理 143
17.2 科技创新与智能建造 144
17.3 信息化管理 145

综合案例题及答案 ·· 147

综合测试题（一）·· 182

综合测试题（二）·· 192

网上增值服务说明 ·· 203

第1篇 铁路工程技术

第1章 铁路工程施工测量

1.1 铁路工程测量

复习要点

微信扫一扫
在线做题+答疑

1. **施工测量组织**：包括施工测量的内容、依据、原则、组织及检查、验收等。
2. **施工测量准备**：包括测量工作的策划、开工前的交接桩、控制网的复测及加密等。
3. **测量仪器的管理及应用**：包括常用测量仪器的分类、管理、应用等。

一、单项选择题

1. 铁路施工测量的主要任务是把图纸上设计好的铁路工程建（构）筑物（　　）在实地标定出来，即按设计的要求将建（构）筑物各轴线的交点、中线、桥墩、隧道等点位标定在地面上。
   A．平面和高程位置　　　　　B．地理位置
   C．标高和长度　　　　　　　D．相对位置
2. 铁路工程施工测量中测量仪器设备及工具必须（　　）。
   A．定期（一般为2年）到国家计量部门进行检定，取得合格证书后方可使用
   B．定期（一般为1年）到国家计量部门进行检定，取得合格证书后方可使用
   C．定期（一般为1年）到企业计量部门进行检定，合格即可使用
   D．定期（一般为2年）到企业计量部门进行检定，合格即可使用
3. 对工程项目的一般测量科目必须实行（　　）。
   A．彻底换手测量　　　　　　B．同级换手测量
   C．更换全部测量仪器　　　　D．更换全部测量人员
4. 铁路施工测量承担过程检查的人员是（　　）。
   A．测量队检查人员　　　　　B．架子队质检人员
   C．安全质量部质检人员　　　D．现场监理工程师
5. 铁路工程测量阶段，由（　　）对施工测量质量实行过程检查和最终检查。
   A．测量单位　　　　　　　　B．施工单位
   C．监理单位　　　　　　　　D．建设单位
6. 铁路施工测量所用的测量仪器设备及工具必须定期到（　　）进行检定。
   A．企业计量部门　　　　　　B．国家计量部门

C．企业技术部门 D．国家质监部门

7．鉴于不同的工程对象有不同的精度要求，所以测量仪器应选用得当，精度标准不能低于（　　），但也不宜过严。

A．企业要求 B．项目要求
C．规范要求 D．行业要求

8．铁路施工测量验收工作一般由（　　）实施，检查工作应由（　　）实施。

A．监理单位，建设单位 B．施工单位，建设单位
C．建设单位，监理单位 D．监理单位，施工单位

9．某铁路隧道施工测量实行二级检查一级验收制，其中最终检查由施工单位的（　　）负责实施。

A．项目总工程师 B．技术管理机构
C．质量管理机构 D．安全管理机构

10．铁路工程建设期间，应加强控制网复测维护工作。控制网复测维护分为定期复测维护和不定期复测维护，不定期复测维护由（　　）实施。

A．建设单位 B．施工单位
C．监理单位 D．设计单位

11．线下工程施工前，现场CP0、CPⅠ、CPⅡ控制桩和线路水准基点桩的交接工作由（　　）组织，并履行交桩手续。

A．建设单位 B．设计单位
C．咨询单位 D．监理单位

12．施工单位接桩后进行复测，当CPⅠ、CPⅡ和线路水准基点较差满足规范规定时，应采用（　　）。

A．复测成果 B．原测成果
C．复测和原测的符合成果 D．局部范围内改动复测成果

13．施工单位应根据施工需要开展不定期复测维护，对于复测时间间隔，新建250～350km/h 高速铁路不应大于（　　）个月，新建200km/h 及以下铁路不应大于（　　）个月。

A．3，6 B．3，9
C．6，12 D．9，12

14．CPⅢ建网前复测应遵循的原则是（　　）。

A．CPⅠ控制点应全部采用原测成果
B．CPⅠ控制点应全部采用复测成果
C．CPⅡ控制点应全部采用原测成果
D．CPⅡ控制点应全部采用复测成果

二 多项选择题

1．施工测量的主要内容有（　　）等。

A．平面控制网布设 B．施工控制网加密

C．轨道安装定位　　　　　　　　D．控制网复测
E．中线复测
2. 铁路工程施工测量的依据有现行（　　）等。
   A．《工程测量标准》GB 50026
   B．《测绘产品质量评定标准》CH 1003
   C．《高速铁路工程测量规范》TB 10601
   D．《铁路工程测量规范》TB 10101
   E．《铁路混凝土工程施工技术规程》Q/CR 9207
3. 施工测量中应遵循的基本原则有（　　）。
   A．等级　　　　　　　　　　　B．整体
   C．控制　　　　　　　　　　　D．检查
   E．考核
4. 施工测量组织实施包括（　　）。
   A．人员组织　　　　　　　　　B．仪器设备组织
   C．资金组织　　　　　　　　　D．进度组织
   E．技术组织
5. 对工程的一般测量科目应实行同级换手测量，同级换手测量需要更换（　　）。
   A．观测人员　　　　　　　　　B．计算人员
   C．全部测量人员　　　　　　　D．全部仪器
   E．全部计算资料
6. 针对铁路施工测量的人员组织，以下说法正确的是（　　）。
   A．经过专业的培训　　　　　　B．具有较高的学历
   C．获得技术培训和上岗证书　　D．具有登高和攀爬能力
   E．责任心强、能吃苦耐劳
7. 施工测量仪器设备组织包括（　　）。
   A．仪器检校完善，专人维护保养　　B．同级换手测量，更换计算人员
   C．仪器选用正确，标准选用得当　　D．记录清楚，签署完善
   E．执行规范，超限返工
8. 对于测量成果的记录、计算、复核和检算，以下说法正确的是（　　）。
   A．所有测量成果必须认真做好记录
   B．按规定用铅笔填写在规定的表格内
   C．错误之处直接用橡皮涂擦掉后改正
   D．计算成果应书写清楚、签署完整
   E．无论人工还是电子记录都应有备份
9. 线下工程施工前，由建设单位组织，设计单位向施工单位提交控制测量成果资料，监理单位参加交接工作。现场交接的桩有（　　），并应履行交桩手续。
   A．CP0 控制桩　　　　　　　　B．CPⅠ控制桩
   C．CPⅡ控制桩　　　　　　　　D．CPⅢ控制桩
   E．线路水准基点桩

10. 水准仪的使用过程包括（　　）等。
    A. 安置　　　　　　　　　　B. 粗平
    C. 瞄准　　　　　　　　　　D. 精平
    E. 储存
11. 铁路工程建设期间，应开展控制网定期和不定期复测维护工作。定期复测内容包括（　　）。
    A. CP0　　　　　　　　　　B. CPⅠ
    C. CPⅡ　　　　　　　　　　D. CPⅢ
    E. 线路水准基点

1.2　控制测量

复习要点

1. 平面控制测量：包括平面控制网的布设要求、基础平面控制网（CPⅠ）测量、线路平面控制网（CPⅡ）测量、轨道控制网（CPⅢ）平面测量等内容。

2. 高程控制测量：包括高程控制测量基本要求、高程控制测量方法、内业计算及成果资料整理等内容。

一　单项选择题

1. CPⅠ控制网应按（　　）测量要求施测。
    A. 一等GPS　　　　　　　　B. 二等GPS
    C. 一等导线　　　　　　　　D. 二等导线
2. CPⅡ控制网宜在（　　）阶段完成，采用GPS测量或导线测量方法施测。
    A. 初测　　　　　　　　　　B. 定测
    C. 复测　　　　　　　　　　D. 施工
3. 铁路工程高程控制测量应按分级布设的原则建网。第一级为线路水准基点控制网；第二级为CPⅢ高程网，是（　　）的高程基准。
    A. 勘测设计　　　　　　　　B. 隧道施工
    C. 运营维护　　　　　　　　D. 轨道施工
4. 一等水准测量与已知点联测奇数站观测顺序是（　　）。
    A. 后—前—后—前　　　　　B. 前—前—后—后
    C. 后—前—前—后　　　　　D. 前—后—后—前
5. 跨河水准测量三等水准视线长度为1500m时，可采用的观测方法是（　　）。
    A. 直接读尺法　　　　　　　B. 光学测微法
    C. 倾斜螺旋法　　　　　　　D. 经纬仪倾角法

二 多项选择题

1. 平面控制网精度等级：卫星定位测量依次为特等、一等、二等、三等、四等、五等；导线测量依次分为（　　）和一级、二级。
   A．一等　　　　　　　　　　B．二等
   C．隧道二等　　　　　　　　D．三等
   E．四等

2. 控制网等级确定的依据有（　　）。
   A．新建铁路轨道结构类型　　B．新建铁路隧道结构形式
   C．列车设计行车速度　　　　D．控制网的用途
   E．控制网的精度

3. 光电测距三角高程测量应满足的要求有（　　）。
   A．垂直角采用中丝法测量
   B．距离观测时，应测定气温和气压
   C．高程测量可结合平面导线测量同时进行
   D．光电测距三角高程测量应选择成像稳定清晰时观测
   E．仪器高和反射镜高量测，应在测前、测后各测一次，两次互差不得超过 5mm

4. 高程控制测量外业工作结束后，应进行观测数据质量检核，检核的内容包括（　　）。
   A．测站数据　　　　　　　　B．平差计算书
   C．测段高差数据　　　　　　D．环线的高差闭合差
   E．附合路线的高差闭合差

1.3　施工测量方法

复习要点

1．**线路、桥涵、隧道工程施工测量**：包括线路施工测量、桥梁施工测量、涵洞施工测量以及隧道施工测量等。

2．**轨道工程施工测量**：包括轨道测量一般规定、有砟轨道施工测量和无砟轨道施工测量等。

3．**"四电"工程施工测量**：包括电力线路施工测量、电力牵引供电施工测量方法等。

4．**竣工测量**：包括竣工测量一般规定、线路竣工测量、竣工地形图及铁路用地界测量、竣工测量资料整理及交验等。

5．**营业线工程施工测量**：包括施工复测、施工放样、铺轨测量及改建铁路竣工测量等。

一、单项选择题

1. 线路中线测量前，应检查测区平面控制点和水准点分布情况。当控制点精度和密度不能满足中线测量需要时，高程应按（　　）测量精度要求加密。
   A．三等水准　　　　　　B．四等水准
   C．精密水准　　　　　　D．五等水准

2. 线路中线测量前，当控制点精度和密度不能满足中线测量需要时，平面应按（　　）等 GNSS 或一级导线测量精度要求加密。
   A．三　　　　　　　　　B．四
   C．五　　　　　　　　　D．六

3. 路基横断面测量施测间距一般为（　　）m。
   A．10　　　　　　　　　B．15
   C．20　　　　　　　　　D．25

4. 路基施工放样的边桩测设方法为（　　）。
   A．横断面测量法　　　　B．全站仪坐标法
   C．水准仪坐标法　　　　D．断面仪施测法

5. 路基加固工程施工放样可采用（　　）施测。
   A．GNSS RTK 法　　　　B．水准仪坐标法
   C．断面仪施测法　　　　D．横断面测量法

6. 线下工程竣工测量完成后，线下工程施工单位应向（　　）提交测量控制网及线下工程竣工测量资料，并移交平面、高程控制点以及线路中线桩等桩橛。
   A．路基施工单位　　　　B．桥梁施工单位
   C．轨道施工单位　　　　D．"四电"施工单位

7. 路基施工放样边桩测设的限差不应大于（　　）cm。
   A．5　　　　　　　　　　B．10
   C．15　　　　　　　　　D．20

8. 桥梁施工测量方法有：控制测量、墩台定位及其轴线测设、桥梁结构细部放样、变形观测和竣工测量等。对于小型桥一般不进行（　　）。
   A．控制测量　　　　　　B．墩台定位及其轴线测设
   C．桥梁结构细部放样　　D．变形观测和竣工测量

9. 线下工程竣工测量线路中线桩高程应利用（　　）控制点进行测量。
   A．CP0　　　　　　　　B．CPⅠ
   C．CPⅡ　　　　　　　　D．CPⅢ

10. 隧道竣工横断面应采用（　　）测量。
    A．GNSS RTK　　　　　B．水准仪
    C．断面仪　　　　　　　D．平板仪

11. 铁路隧道施工测量中，相向开挖相同贯通里程的中线点在空间不相重合，此两点在空间的连线误差在高程方向的分量称为（　　）。

A. 纵向贯通误差 B. 横向贯通误差
C. 水平贯通误差 D. 高程贯通误差

12. 涵洞的基础放样是依据（　　）测设的。
    A. 地面标高 B. 纵横轴线
    C. 基坑深度 D. 放坡系数

13. 轨道工程施工前应按要求建立（　　）轨道控制网。
    A. CP0 B. CPⅠ
    C. CPⅡ D. CPⅢ

14. 无砟道岔两端应预留一定长度作为道岔与区间无砟轨道衔接测量的调整距离，其长度应不小于（　　）m。
    A. 100 B. 200
    C. 300 D. 400

二 多项选择题

1. 铁路工程路基施工测量内容包括（　　）等。
    A. 路基横断面测量 B. 路基改河改沟测量
    C. 线路中线贯通测量 D. 路基施工放样
    E. 地基加固工程施工放样

2. 路基加固工程施工放样可采用（　　）。
    A. 全站仪坐标法 B. GNSS RTK 法
    C. 横断面测量法 D. 水准仪坐标法
    E. 平板仪测量法

3. 铁路工程路基竣工横断面测量方法有（　　）。
    A. 全站仪测量 B. 水准仪测量
    C. 断面仪测量 D. 平板仪测量
    E. GNSS RTK 测量

4. 在线下工程竣工后、轨道施工前，应进行线下工程竣工测量，评估线下工程施工是否满足轨道铺设条件的要求。线下工程竣工测量内容包括（　　）。
    A. 线路中线贯通测量 B. 加固工程施工放样
    C. 横断面竣工测量 D. 路基改河改沟测量
    E. 地面变形测量

5. 轨道几何状态竣工测量成果包括（　　）等。
    A. 线上加密 CPⅡ B. 线上加密水准基点
    C. 线路中心位置 D. CPⅢ控制点
    E. 轨面高程

6. 桥梁的细部放样主要包括（　　）。
    A. 基础施工放样
    B. 墩台身的施工放样

C．梁身的细部放样

D．顶帽及支撑垫石的施工放样

E．架梁时的落梁测设工作

7．小桥施工测量的主要内容有（　　）。

A．桥梁控制测量　　　　　　B．墩台定位及其轴线测设

C．桥梁细部放样　　　　　　D．变形观测

E．竣工测量

8．桥梁竣工测量分两阶段进行，第一阶段是在桥梁墩台施工完毕、梁部架设前对全线桥梁进行贯通测量，其测量内容包括（　　）。

A．墩台的纵向中心线　　　　B．墩台的横向中心线

C．支承垫石顶高程　　　　　D．桥面的宽度

E．墩台间跨度

9．涵洞按其与线路的相对位置分类，可分为（　　）。

A．正交涵　　　　　　　　　B．交通涵

C．过水涵　　　　　　　　　D．斜交涵

E．倒虹吸

10．关于涵洞定位及轴线测设要求的说法，正确的有（　　）。

A．涵洞定位在线路复测后进行

B．涵洞定位方法可以采用测距法

C．涵洞纵轴线即为涵洞出入口的中心线

D．涵洞定位即定出在线路方向上的中心里程点

E．正交涵的纵轴线与所在线路中线（或切线）平行

11．隧道相向开挖时，在相同贯通里程的中线点空间存在不相重合，此两点在空间的连接误差名称包含（　　）。

A．贯通误差　　　　　　　　B．闭合误差

C．横向误差　　　　　　　　D．纵向误差

E．高程误差

12．隧道工程施工需要进行的主要测量工作包括（　　）。

A．洞外控制测量　　　　　　B．洞外、洞内的联系测量

C．洞内控制测量　　　　　　D．洞内施工模板定位测量

E．地面变形测量

13．隧道竣工测量内容包括（　　）。

A．CPⅡ控制网测量　　　　　B．水准贯通测量

C．中线贯通测量　　　　　　D．衬砌侵限测量

E．横断面测量

14．隧道进洞测量是将洞外的（　　）引测到隧道内，使洞内和洞外建立统一坐标和高程系统。

A．坐标　　　　　　　　　　B．高程

C．方向　　　　　　　　　　D．角度

E．平面位置

15．线下工程竣工测量完成后，线下工程施工单位应向轨道施工单位提交的桩橛有（　　）。

A．平面控制点　　　　　　B．高程控制点
C．沉降观测点　　　　　　D．线路边线桩
E．线路中线桩

1.4　构筑物变形测量

复习要点

1．**变形测量要求及方法**：包括变形测量一般要求以及构筑物变形监测的主要方法等。

2．**变形观测与评估**：包括线路沉降观测要求、线路沉降变形评估等。

一　单项选择题

1．冻胀变形观测应由（　　）组织，冻胀变形观测单位实施，其他参建单位配合。

A．建设单位　　　　　　B．评估单位
C．设计单位　　　　　　D．监理单位

2．路基填筑完成或施加预压荷载后沉降变形观测期不应少于（　　）个月，并宜经过一个雨季。

A．3　　　　　　　　　　B．4
C．5　　　　　　　　　　D．6

3．高速铁路路基填筑期间路堤中心地面沉降速率不应大于（　　）mm/d，坡脚水平位移速率不应大于（　　）mm/d。

A．5，5　　　　　　　　B．5，10
C．10，5　　　　　　　D．10，10

4．下列情形中，桥梁沉降变形观测可选择典型墩台进行观测的是（　　）。

A．软土地基　　　　　　B．岩溶地区
C．摩擦桩基础　　　　　D．嵌岩桩基础

5．隧道沉降变形观测应以（　　）沉降为主。

A．拱顶　　　　　　　　B．边墙
C．仰拱　　　　　　　　D．地面

6．隧道沉降变形观测期最少为（　　）个月。观测数据不足或工后沉降评估不能满足设计要求时，应延长沉降变形观测期。

A．1　　　　　　　　　　B．2
C．3　　　　　　　　　　D．4

7．隧道内沉降变形观测断面的布设应根据地质围岩级别确定，对于Ⅳ级围岩观测

断面最大间距是（　　）m。

A．200　　　　　　　　　B．300
C．400　　　　　　　　　D．600

二 多项选择题

1．为满足线下工程构筑物变形评估的需要，在线下工程施工期间和竣工后需开展变形监测项目的有（　　）。

A．桥梁工程　　　　　　B．路基工程
C．隧道工程　　　　　　D．电力工程
E．接触网工程

2．铁路工程结构物倾斜监测方法有（　　）。

A．激光准直法　　　　　B．垂线法
C．摄影测量法　　　　　D．差异沉降法
E．经纬仪投点法

3．线路沉降变形评估应绘制沉降变形评估图。沉降变形评估图内容包括（　　）等。

A．结构物标识　　　　　B．工前沉降限值
C．实测累计沉降量　　　D．预测工后沉降量
E．预测总沉降量

4．线路沉降变形评估报告除包含铺轨后至交验期间沉降变形情况分析内容外，还应包含（　　）。

A．观测点的沉降预测分析　B．桥梁徐变分析
C．洞顶沉降分析　　　　　D．沉降变形评估
E．评估结论及建议

【参考答案】

【1.1　参考答案】

一、单项选择题

1．A；　2．B；　3．B；　4．A；　5．B；　6．B；　7．C；　8．D；
9．C；　10．B；　11．A；　12．B；　13．C；　14．D

二、多项选择题

1．B、C、D、E；　2．A、B、C、D；　3．A、B、C、D；　4．A、B；
5．A、B；　6．A、C、D、E；　7．A、C；　8．A、B、D、E；
9．A、B、C、E；　10．A、B、C、D；　11．B、C、E

【1.2　参考答案】

一、单项选择题

1．B；　2．B；　3．D；　4．C；　5．C

二、多项选择题
1. B、C、D、E；　　2. A、C、D、E；　　3. A、B、C、D；　　4. A、C、D、E

【1.3　参考答案】
一、单项选择题
1. D；　2. C；　3. C；　4. B；　5. A；　6. C；　7. B；　8. A；
9. D；　10. C；　11. D；　12. B；　13. D；　14. B
二、多项选择题
1. A、B、D、E；　2. A、B、C；　　3. A、E；　　　　4. A、C；
5. C、E；　　　　6. A、B、D、E；　7. B、C、D、E；　8. A、B、C、E；
9. A、D；　　　　10. A、C、D；　　11. A、B、C、E；　12. A、B、C；
13. A、B、C、E；　14. A、B、C；　　15. A、B、C、E

【1.4　参考答案】
一、单项选择题
1. A；　2. D；　3. C；　4. D；　5. C；　6. C；　7. B
二、多项选择题
1. A、B、C；　　2. A、B、D、E；　　3. A、C、D、E；　　4. A、B、D、E

第 2 章 铁路工程材料

2.1 混凝土原材料

复习要点

微信扫一扫
在线做题+答疑

1．**水泥**：包括水泥的分类、选用水泥的基本原则、通用硅酸盐水泥的性能特点及使用范围、水泥质量检验评定方法等。

2．**粗细骨料**：包括粗骨料、细骨料的选用。

3．**混凝土外加剂及矿物掺合料**：包括外加剂的分类及作用、矿物掺合料的分类及作用。

一、单项选择题

1．在快硬硅酸盐水泥的使用过程中，如果对于水泥的质量问题存在怀疑或者出厂日期超过（　　）个月，应进行复检。
   A．0.5　　　　　　　　　　B．1
   C．2　　　　　　　　　　　D．3

2．下列指标中，试验结果被评定为不符合标准后可判定该批次水泥为废品的是（　　）。
   A．细度　　　　　　　　　　B．终凝时间
   C．初凝时间　　　　　　　　D．出厂编号

3．在混凝土有快硬高强要求的条件下不宜使用（　　）。
   A．硅酸盐水泥　　　　　　　B．普通硅酸盐水泥
   C．快硬硅酸盐水泥　　　　　D．复合硅酸盐水泥

4．对于地下、水利和大体积等混凝土工程，在一般受热工程（＜250℃）和蒸汽养护构件中可优先采用（　　）。
   A．矿渣硅酸盐水泥　　　　　B．火山灰质硅酸盐水泥
   C．复合硅酸盐水泥　　　　　D．粉煤灰硅酸盐水泥

5．下列水泥品种中，不宜用于需要早强工程的是（　　）。
   A．硅酸盐水泥　　　　　　　B．普通硅酸盐水泥
   C．粉煤灰硅酸盐水泥　　　　D．复合硅酸盐水泥

6．在特种水泥中，对抗折要求较高的路面工程一般采用（　　）。
   A．大坝水泥　　　　　　　　B．普通硅酸盐水泥
   C．道路硅酸盐水泥　　　　　D．砌筑水泥

7．下列水泥品种中，属于特种水泥的是（　　）。
   A．硅酸盐水泥　　　　　　　B．普通硅酸盐水泥
   C．矿渣水泥　　　　　　　　D．大坝水泥

8. 混凝土外加剂速凝剂的作用是（　　）。
   A．改善拌和物和易性　　　　B．调节凝结或硬化速度
   C．调节空气含量　　　　　　D．改善物理和力学性能
9. 下列外加剂品种中，可以改善拌和物和易性的是（　　）。
   A．减水剂　　　　　　　　　B．早强剂
   C．发泡剂　　　　　　　　　D．粘结剂
10. 混凝土的（　　）指标应根据结构设计的使用年限、所处的环境类别及作用等级确定。
    A．耐久性　　　　　　　　　B．耐蚀性
    C．耐磨性　　　　　　　　　D．抗裂性

二　多项选择题

1. 下列试验项目中，属于水泥试验项目的有（　　）。
   A．标准稠度用水量　　　　　B．抗冻性
   C．凝结时间　　　　　　　　D．细度
   E．抗渗性
2. 下列试验结果中，属于水泥不合格情形的有（　　）。
   A．初凝时间不符合标准　　　B．终凝时间不符合标准
   C．细度不符合标准　　　　　D．强度低于该强度等级的指标
   E．安定性不符合标准
3. 我国应用较多的特性水泥有（　　）。
   A．普通硅酸盐水泥　　　　　B．快硬硅酸盐水泥
   C．低热矿渣硅酸盐水泥　　　D．膨胀硫铝酸盐水泥
   E．磷铝酸盐水泥
4. 下列水泥试验检测指标中，不符合标准规定时可判定水泥为废品的有（　　）。
   A．细度　　　　　　　　　　B．初凝时间
   C．终凝时间　　　　　　　　D．三氧化硫含量
   E．氧化镁含量
5. 下列评定标准中，属于水泥质量评定标准的有（　　）。
   A．优质水泥　　　　　　　　B．优良水泥
   C．合格水泥　　　　　　　　D．不合格水泥
   E．废品
6. 关于水泥检验的说法，正确的有（　　）。
   A．合格水泥的各项技术指标均达到标准要求
   B．细度不符合标准规定的为不合格水泥
   C．强度达不到该强度等级的为不合格水泥
   D．初凝时间不符合标准规定的为不合格水泥
   E．终凝时间不符合标准要求的水泥为废品

7. 运抵工地（场）的水泥，应按批对同厂家、同批号、同品种、同强度等级、同出厂日期的水泥进行（　　）等项目的检验。

  A．强度   B．氧化镁含量
  C．细度   D．凝结时间
  E．安定性

8. 下列外加剂品种中，可以调节凝结或硬化速度的有（　　）。

  A．速凝剂   B．早强剂
  C．缓凝剂   D．防冻剂
  E．引气剂

9. 混凝土的耐久性指标应根据（　　）确定。

  A．结构设计使用年限   B．水泥用量
  C．所处环境类别   D．作用等级
  E．拌和设备

10. 下列矿物材料中，可作为高性能混凝土矿物外加剂（掺合料）的有（　　）。

  A．磨细矿渣   B．石灰
  C．粉煤灰   D．硅灰
  E．磨细天然沸石

2.2　钢筋与钢绞线

复习要点

1．钢筋： 包括钢筋使用范围、钢筋质量检验评定方法等。
2．钢绞线： 包括钢绞线的分类与代号、进场检验验收批、进场检查和验收、质量评定方法等。

一　单项选择题

1. 常用的热轧光圆钢筋的屈服强度特征值为300级，钢筋牌号是（　　）。

  A．HPB300   B．HRB300
  C．CRB300   D．HRBF300

2. 常用的热轧带肋钢筋分为普通热轧带肋钢筋和细晶粒热轧带肋钢筋，下列属于细晶粒热轧带肋钢筋牌号的是（　　）。

  A．HRB400   B．HRB500
  C．HRB400E   D．HRBF500

3. 冷轧带肋钢筋按延性高低分为冷轧带肋钢筋和高延性冷轧带肋钢筋两类，下列钢筋牌号中，可用于普通钢筋混凝土的是（　　）。

  A．CRB550   B．CRB650
  C．CRB800   D．CRB800H

4. 下列钢筋牌号中，既可作为普通钢筋混凝土使用，也可作为预应力混凝土使用的是（   ）。
    A．CRB550　　　　　　　　B．CRB650
    C．CRB680H　　　　　　　D．CRB600H

5. 余热处理钢筋严禁用于铁路（   ）工程内。
    A．路基　　　　　　　　　B．桥梁
    C．涵洞　　　　　　　　　D．隧道

6. 钢筋工程施工中，预制构件的吊环必须采用（   ）制作。
    A．经冷拉处理的热轧光圆钢筋　　B．经冷拉处理的热轧带肋钢筋
    C．未经冷拉处理的热轧光圆钢筋　D．未经冷拉处理的热轧带肋钢筋

7. 钢筋应按批进行检查和验收，每批由同一牌号、同一炉罐号、同一尺寸的钢筋组成，每批重量通常不大于（   ）t。
    A．20　　　　　　　　　　B．30
    C．40　　　　　　　　　　D．60

8. 钢筋原材料进场检验项目中，热轧圆盘条、热轧光圆钢筋、热轧带肋钢筋、余热处理钢筋等的检验项目有外观检查、（   ）、屈服点、伸长率、冷弯试验。
    A．反复弯曲　　　　　　　B．松弛性能
    C．抗拉强度　　　　　　　D．疲劳测试

9. 从每批钢筋中任选两根钢筋，每根取两个试样分别进行拉伸试验（包括屈服点、抗拉强度和伸长率）和冷弯试验。如有一项试验结果不符合要求时，应从同一批中另取（   ）倍数量的试样重做各项试验。如仍有（   ）个试样不合格时，则该批钢筋为不合格品。
    A．1，1　　　　　　　　　B．2，1
    C．1，2　　　　　　　　　D．2，2

10. 钢筋等原材料复试应符合有关规范要求，且见证取样数必须≥总试验数的（   ）。
    A．10%　　　　　　　　　B．20%
    C．30%　　　　　　　　　D．40%

11. 用七根钢丝捻制的标准型钢绞线的结构代码是（   ）。
    A．1×3I　　　　　　　　　B．1×7
    C．1×7I　　　　　　　　　D．（1×7）C

12. 钢绞线伸直性检验，取样数量为（   ）根／每批。
    A．1　　　　　　　　　　　B．2
    C．3　　　　　　　　　　　D．4

二　多项选择题

1. 下列钢筋牌号中，属于普通热轧带肋钢筋的有（   ）。
    A．HRB400　　　　　　　　B．HRBF400

C．HRB500 D．HRBF500
E．HRB600

2．下列钢筋牌号中，属于细晶粒热轧带肋钢筋的有（   ）。
   A．HRB400 B．HRBF400
   C．HRB500 D．HRBF500
   E．HRB600

3．冷轧带肋钢筋分为CRB550、CRB650、CRB800、CRB600H、CRB680H、CRB800H六个牌号。下列钢筋牌号中，可用于普通钢筋混凝土的有（   ）。
   A．CRB550 B．CRB600H
   C．CRB650 D．CRB800H
   E．CRB800

4．冷轧带肋钢筋分为CRB550、CRB650、CRB800、CRB600H、CRB680H、CRB800H六个牌号。下列钢筋牌号中，可用于预应力混凝土的有（   ）。
   A．CRB550 B．CRB600H
   C．CRB650 D．CRB800H
   E．CRB800

5．关于钢绞线质量评定表面质量要求的说法，正确的有（   ）。
   A．除非用户有特殊要求，钢绞线表面不得有油、润滑脂等物质
   B．允许存在轴向表面缺陷，但其深度应小于单根钢丝直径的6%
   C．钢绞线表面不得有影响使用性能的有害缺陷
   D．允许钢绞线表面有轻微浮锈
   E．钢绞线表面允许存在回火颜色

6．热轧圆盘条、热轧光圆钢筋、热轧带肋钢筋和余热处理钢筋的钢筋原材料进场检验中，钢筋表面不得有（   ），表面的凸块和其他缺陷的深度和高度不得大于所在部位尺寸的允许偏差（带肋钢筋为横肋的高度）。
   A．浮锈 B．裂纹
   C．结疤 D．折叠
   E．油污

7．根据热轧圆盘条、热轧光圆钢筋、热轧带肋钢筋和余热处理钢筋的质量评定方法，下列试验项目中，当有一个项目不合格时，取双倍数量对该项目复检，当仍有1根不合格时，则该批钢筋应判为不合格。该试验项目包括（   ）。
   A．抗拉强度 B．屈服点
   C．最大负荷 D．伸长率
   E．冷弯试验

8．关于钢筋使用的说法，正确的有（   ）。
   A．热轧光圆钢筋可用于普通钢筋混凝土结构
   B．热轧带肋钢筋一般用于预应力混凝土结构
   C．预制构件吊环可用经冷拉的热轧光圆钢筋
   D．余热处理钢筋严禁用于铁路桥梁内

E．热处理钢筋可用作焊接和点焊钢筋

9．钢筋原材料进场检验项目中，热轧圆盘条、热轧光圆钢筋、热轧带肋钢筋、余热处理钢筋的检验项目有（　　）。

A．外观检查　　　　　　　　B．抗拉强度
C．重量测定　　　　　　　　D．抗压强度
E．化学成分测定

10．钢筋质量检验时，若伸长率、（　　）和冷弯试验中有一个项目不合格，应取双倍数量对该项目复检。

A．弹性模量　　　　　　　　B．抗剪强度
C．屈服强度　　　　　　　　D．抗拉强度
E．剪切模量

11．关于钢绞线表面质量要求的说法，正确的有（　　）。

A．钢绞线表面不得有油、润滑脂等物质
B．钢绞线表面不得有影响使用性能的有害缺陷
C．不允许存在轴向表面缺陷
D．允许钢绞线表面有轻微浮锈
E．钢绞线表面允许存在回火颜色

2.3　混凝土配合比确定

复习要点

1．混凝土配制强度的确定：包括混凝土配制强度的确定、混凝土强度标准差的确定等。

2．混凝土配合比的试配、调整与确定：包括混凝土配合比选定步骤、选定混凝土配合比相关规定、混凝土配合比的计算、试配和调整等。

一　单项选择题

1．施工前应对砂、石含水率进行测定，根据测定结果对（　　）进行调整，确定施工配合比。

A．实际理论配合比　　　　　B．设计理论配合比
C．施工理论配合比　　　　　D．试验室理论配合比

2．当混凝土强度等级为C25，混凝土强度标准差计算值不小于3.0MPa时，此时计算配置强度时采用的混凝土强度标准差（σ）为（　　）MPa。

A．3.0　　　　　　　　　　　B．4.0
C．5.0　　　　　　　　　　　D．6.0

3．在现场施工时，混凝土的理论配合比要根据（　　）调整后，换算成施工配合比。

A．理论配制的水灰比　　　　B．粗细骨料的含水率

C. 搅拌机的拌和时间　　　　　D. 每立方米的水泥用量

4. 混凝土试配过程中，采用工程实际使用的原材料和搅拌方式搅拌混凝土，并测定混凝土的（　　）。

A. 密度　　　　　　　　　　　B. 堆积密度
C. 体积密度　　　　　　　　　D. 表观密度

5. 不同环境条件下，混凝土的最大水胶比和最小胶凝材料用量应符合设计要求。当为硫酸盐化学侵蚀环境时，胶凝材料的抗蚀系数不得小于（　　）。

A. 0.2　　　　　　　　　　　B. 0.4
C. 0.6　　　　　　　　　　　D. 0.8

二 多项选择题

1. 混凝土配合比的试配要根据初步确定的单方混凝土原材料用量拌和混凝土，测试混凝土的（　　）等性能。

A. 坍落度　　　　　　　　　　B. 泌水率
C. 凝结时间　　　　　　　　　D. 含气量
E. 含水量

2. 关于选定混凝土配合比的说法，正确的有（　　）。

A. 为提高混凝土的耐久性，混凝土中应适量掺加粉煤灰等矿物掺合料
B. 混凝土中三氧化硫含量不应超过胶凝材料总量的4.0%
C. 当为硫酸盐化学侵蚀环境时，胶凝材料的抗蚀系数不得小于0.50
D. 钢筋混凝土的混凝土氯离子含量不应超过胶凝材料总量的0.10%
E. 预应力混凝土的混凝土氯离子含量不应超过胶凝材料总量的0.06%

3. 混凝土配合比确定程序包括（　　）。

A. 混凝土理论配合比的确定　　B. 混凝土和易性的确定
C. 混凝土施工强度的确定　　　D. 混凝土砂率的确定
E. 混凝土施工配合比的确定

4. 当施工工艺及环境条件未发生明显变化，原材料的品质在合格的基础上发生波动时，可对混凝土（　　）进行适当调整，调整后混凝土的拌和物性能应与理论配合比一致。

A. 外加剂用量　　　　　　　　B. 水泥的用量
C. 单方用水量　　　　　　　　D. 粗骨料分级比例
E. 砂率

2.4　结构混凝土强度检测

复习要点

1. **强度检测基本要求**：包括强度检测前应收集的资料、强度检测相关要求等。

2．强度检测方法： 包括回弹法、超声回弹综合法、钻芯法、拔出法、低应变反射波法、声波透射法等。

一 单项选择题

1. 关于结构混凝土强度检测要求的说法，错误的是（　　）。
   A．结构混凝土强度检测所用仪器设备应符合相关标准规定
   B．在实体结构检测时，应考虑钢筋、预埋件等因素的影响
   C．采用钻芯法测定强度时，钻芯部位应在所用非破损检测方法的测区内或测区附近
   D．因检测结构混凝土强度而破损的部位，修补材料应同原混凝土结构强度等级一致

2. 适用于表面质量无明显缺陷的结构或构件混凝土强度检测，虽简单方便，但离散性较大的检测方法是（　　）。
   A．回弹法　　　　　　　　　　B．超声回弹综合法
   C．钻芯法　　　　　　　　　　D．拔出法

3. 具有检测结果直观准确，可检测强度与厚度，但操作复杂，对混凝土有轻微破坏特点的结构混凝土检测方法是（　　）。
   A．超声法　　　　　　　　　　B．回弹法
   C．声波透射法　　　　　　　　D．钻芯法

二 多项选择题

1. 下列结构混凝土强度检测方法中，测试结果离散性较大的检测方法包括（　　）。
   A．超声法　　　　　　　　　　B．回弹法
   C．拔出法　　　　　　　　　　D．钻芯法
   E．声波透射法

2. 钻芯法检测的特点有（　　）。
   A．检测结果直观准确　　　　　B．可检测强度与厚度
   C．检测快速　　　　　　　　　D．操作复杂
   E．对混凝土有轻微破坏

3. 下列结构混凝土强度检测方法中，适用于桩基检测方法的有（　　）。
   A．超声法　　　　　　　　　　B．回弹法
   C．拔出法　　　　　　　　　　D．低应变反射波法
   E．声波透射法

2.5 混凝土质量评定

复习要点

1. **混凝土质量的影响因素**：包括混凝土凝结时间、混凝土和易性等。
2. **混凝土强度等级评定**：包括基本规定、混凝土强度试验、混凝土强度等级评定方法等。
3. **混凝土耐久性**：包括混凝土材料的耐久性指标、耐久性检测项目、铁路工程混凝土施工质量控制措施等。

一 单项选择题

1. 新拌混凝土的质量主要包括（　　）。
   A．混凝土的凝结时间和混凝土的和易性
   B．混凝土的凝结时间和混凝土的抗冻性
   C．混凝土的搅拌时间和混凝土的流动性
   D．混凝土的初凝时间和混凝土的终凝时间

2. 混凝土的和易性主要包括流动性、黏聚性和（　　）。
   A．保水性　　　　　　　　B．水硬性
   C．水密性　　　　　　　　D．离散性

3. 混凝土流动性的主要影响因素是混凝土的（　　）。
   A．单方用水量　　　　　　B．搅拌时间
   C．运输距离　　　　　　　D．粗细骨料级配

4. 混凝土黏聚性的主要影响因素是混凝土的（　　）。
   A．水泥品种　　　　　　　B．单方用水量
   C．搅拌时间　　　　　　　D．含砂率（灰砂比）

5. 混凝土保水性的主要影响因素是混凝土的（　　）。
   A．单方用水量　　　　　　B．运输距离
   C．水泥品种、用量与细度　D．灰砂比

6. 混凝土离析的主要影响因素是混凝土的（　　）。
   A．单方用水量　　　　　　B．粗细骨料的级配
   C．水泥品种及外加剂的种类　D．含砂率（灰砂比）

7. 混凝土抗压强度以边长为（　　）mm的立方体试件为标准试件。
   A．70　　　　　　　　　　B．100
   C．150　　　　　　　　　 D．200

8. 当混凝土生产不连续，且一个验收批试件不足（　　）组时，采用小样本方法评定混凝土等级。
   A．5　　　　　　　　　　 B．10
   C．15　　　　　　　　　　D．20

9. 当混凝土生产条件能在较长时间内保持一致，且同一品种混凝土强度变异性能保持稳定时，可采用（　　）评定。

　　A．加权平均法　　　　　　　　B．标准差已知方法
　　C．算术平均法　　　　　　　　D．专家评估方法

10. 当混凝土生产条件在较长时间内不能保持一致，且同一品种混凝土强度变异性能不能保持稳定，或在前一个检验期内的同一品种混凝土没有足够的数据用以确定验收批混凝土立方体抗压强度的标准差时，应由不少于（　　）组的试件组成一个验收批，采用标准差未知的统计方法评定。

　　A．3　　　　　　　　　　　　B．6
　　C．10　　　　　　　　　　　 D．8

11. 当用于评定的样本容量小于 10 组时，可采用（　　）评定混凝土强度。

　　A．加权平均法　　　　　　　　B．标准差已知的统计方法
　　C．小样本方法　　　　　　　　D．专家评估方法

12. 混凝土硬化过程中，在一定范围内（　　），混凝土强度越高。

　　A．养护温度越高　　　　　　　B．砂子粒径越大
　　C．骨料弹性模量越大　　　　　D．水灰比越小

二　多项选择题

1. 混凝土的和易性是指（　　）。
　　A．流动性　　　　　　　　　　B．抗冻性
　　C．黏聚性　　　　　　　　　　D．抗渗性
　　E．保水性

2. 影响混凝土凝结时间的主要因素有（　　）。
　　A．水泥品种　　　　　　　　　B．单方用水量
　　C．外加剂的种类　　　　　　　D．含砂率
　　E．水灰比

3. 影响混凝土保水性的主要因素是混凝土的（　　）。
　　A．单方用水量　　　　　　　　B．运输方法
　　C．水泥品种　　　　　　　　　D．水泥用量
　　E．水泥细度

4. 混凝土强度等级评定方法中，统计方法评定包括（　　）。
　　A．标准差已知　　　　　　　　B．标准差未知
　　C．离散性已知　　　　　　　　D．离散性未知
　　E．期望值已知

5. 混凝土试件应在混凝土浇筑地点随机抽取，针对取样频率，下列说法正确的有（　　）。
　　A．每一工作班浇筑 100m³ 同配合比的混凝土，取样不应少于 1 组
　　B．每一工作班浇筑 100m³ 同配合比的混凝土，取样不应少于 3 组

C. 每一工作班浇筑的同配合比混凝土不足 100m³ 时，取样不应少于 1 组
D. 每一工作班浇筑的同配合比混凝土不足 100m³ 时，取样不应少于 3 组
E. 每组三个混凝土试件应在同一车的混凝土中取样制作

2.6 路基填料

复习要点

1．一般规定： 包括路基填料的选定、路基填料的分类、路基普通填料等。
2．质量要求： 包括路基填料物理改良要求、路基填料化学改良要求、路基渗水土填料要求、路基填料冻胀性要求、路基基床级配碎石要求等。

一 单项选择题

1. 关于路基普通填料要求的说法，正确的是（　　）。
   A. 按工程性能及级配特征可分为 A、B、C、D 组填料
   B. 有机土（有机质含量小于 10%）可作为路基填料使用
   C. 膨胀土、盐渍土作为路基填料使用应符合现行《铁路路基设计规范》TB 10001 的相关规定
   D. 母岩饱和单轴抗压强度小于 30MPa 的粗粒土填料组别划分应结合试验和地区经验确定

2. 关于普通填料分类相关规定的说法，正确的是（　　）。
   A. A 组填料分为 A1、A2、A3 组
   B. B 组填料分为 B1、B2 组
   C. C 组填料分为 C1、C2 组
   D. D 组填料分为 D1、D2 组

3. 严寒地区在路基冻结影响范围内，宜选用（　　）填料。
   A. 不敏感　　　　　　　　　　B. 弱敏感
   C. 敏感　　　　　　　　　　　D. 强敏感

二 多项选择题

1. 关于普通填料分类相关规定的说法，正确的有（　　）。
   A. A 组填料为良好级配、细粒含量小于 15% 的碎石土和砾石土
   B. A 组填料分为 A1、A2 组
   C. B 组填料分为 B1、B2、B3 组
   D. C 组填料分为 C1、C2、C3 组
   E. D 组填料分为 D1、D2、D3 组

2. 关于路基基床表层要求的说法，正确的有（　　）。

　　A．粒径大于 1.7mm 集料的洛杉矶磨耗率不应大于 20%

　　B．粒径大于 1.7mm 集料的硫酸钠溶液浸泡损失率不应大于 8%

　　C．级配曲线应接近圆滑，某种尺寸的颗粒不应过多或过少

　　D．颗粒中细长及扁平颗粒含量不应超过 20%，压碎指标应小于 16

　　E．粒径小于 0.5mm 细粒料的液限不应大于 25%，塑性指数不应大于 6

【参考答案】

【2.1　参考答案】

一、单项选择题

1．B；　　2．C；　　3．D；　　4．A；　　5．D；　　6．C；　　7．D；　　8．B；

9．A；　　10．A

二、多项选择题

1．A、C、D；　　2．B、C、D；　　3．B、C、D、E；　　4．B、D、E；

5．C、D、E；　　6．A、B、C；　　7．A、C、E；　　8．A、B、C；

9．A、C、D；　　10．A、C、D、E

【2.2　参考答案】

一、单项选择题

1．A；　　2．D；　　3．A；　　4．C；　　5．B；　　6．C；　　7．D；　　8．C；

9．B；　　10．C；　　11．B；　　12．C

二、多项选择题

1．A、C、E；　　2．B、D；　　3．A、B；　　4．C、D、E；

5．A、C、D、E；　　6．B、C、D、E；　　7．A、D、E；　　8．A、B、C；

9．A、B；　　10．C、D；　　11．A、B、D、E

【2.3　参考答案】

一、单项选择题

1．A；　　2．C；　　3．B；　　4．D；　　5．D

二、多项选择题

1．A、B、C、D；　　2．A、B、D、E；　　3．A、E；　　4．A、D、E

【2.4　参考答案】

一、单项选择题

1．D；　　2．A；　　3．D

二、多项选择题

1．B、C；　　2．A、B、D、E；　　3．D、E

【2.5　参考答案】

一、单项选择题

1．A；　　2．A；　　3．A；　　4．D；　　5．C；　　6．B；　　7．C；　　8．B；

9．B；　　10．C；　　11．C；　　12．D

二、多项选择题

1. A、C、E；　　2. A、C、E；　　3. C、D、E；　　4. A、B；

5. A、C、E

【2.6　参考答案】

一、单项选择题

1. A；　　2. D；　　3. A

二、多项选择题

1. A、B、C、D；　　2. C、D、E

第3章 铁路路基工程

3.1 路基施工

微信扫一扫
在线做题+答疑

复习要点

1．地基处理施工： 包括原地面处理、换填、砂（碎石）垫层、冲击（振动）碾压、强夯及强夯置换、袋装砂井、塑料排水板、真空预压、堆载预压、砂（碎石）桩、灰土（水泥土）桩、柱锤冲扩桩、搅拌桩、旋喷桩、水泥粉煤灰碎石（CFG）桩、岩溶（洞穴）处理等地基处理方法及技术要求。

2．路堑及路堤施工： 包括路堑施工、路堤施工等施工方法及技术要求。

3．路基支挡结构及边坡防护施工： 包括路基支挡结构、路基边坡防护等施工方法及技术要求。

4．路基防排水施工： 包括路基防排水方式、路基防排水施工要求等内容。

5．路基附属工程施工： 包括电缆槽（井）、接触网基础、声屏障等施工方法及技术要求。

一 单项选择题

1．路基施工前原地面坡度陡于1:5时，应顺原地面挖台阶，并碾压密实，沿线路横向挖台阶的宽度、高度应符合设计要求，沿线路纵向挖台阶宽度不应小于（　　）m。

A．1　　　　　　　　　　　B．2
C．3　　　　　　　　　　　D．4

2．路基换填主要是针对（　　）的情况而采用的一种常用的地基处理方式。

A．深层、局部存在软土及松软土　　B．浅层、局部存在软土及松软土
C．深层、局部存在黏土及砂黏土　　D．浅层、局部存在黏土及砂黏土

3．路线通过软弱土层位于地表、厚度小于3m且呈局部分布的软土地段，可采用的软土路基处理方法为（　　）。

A．真空预压　　　　　　　　B．袋装砂井法
C．堆载预压　　　　　　　　D．开挖换填法

4．碎石垫层施工时，应采用级配良好且不易风化的砾石或碎石，其最大粒径不应大于（　　）mm，细粒含量不应大于10%，且不含草根、垃圾等杂质。

A．20　　　　　　　　　　　B．30
C．40　　　　　　　　　　　D．50

5．砂（碎石）垫层分段施工时接头处应做成台阶，上下层接头应错开（　　）m，并应碾压密实。

A．1.0　　　　　　　　　　　B．1.5
C．2.0　　　　　　　　　　　D．2.5

6. 碎石垫层施工前施工单位应进行工艺性试验，确定工艺参数，并报（　　）确认。
   A．设计单位　　　　　　　　B．评估单位
   C．建设单位　　　　　　　　D．监理单位

7. 振动碾压按（　　）顺序进行，碾压遍数按工艺试验确定。
   A．静压、弱振、强振、弱振、静压
   B．弱振、静压、强振、弱振、静压
   C．弱振、静压、弱振、静压、强振
   D．强振、弱振、静压、弱振、强振

8. 下列施工方法中，属于振动碾压施工要求的是（　　）。
   A．施工应自边坡坡脚一侧开始，顺（逆）时针行驶，以冲压面中心线为轴转圈，而后按纵向错轮冲压
   B．全路幅排压后，再自行向内冲压，压实机械走行速度宜控制在10～12km/h
   C．通过改变转弯半径调整冲压地点，使其均匀冲压
   D．施工时应由地基处理两侧向中心碾压

9. 相邻两段冲击碾压搭接长度不宜小于（　　）m，振动碾压搭接长度不宜小于（　　）m。
   A．10，5　　　　　　　　　　B．15，5
   C．10，10　　　　　　　　　 D．15，10

10. 地基强夯施工地基表面需要满夯加固时，夯点布置应满足搭接面积不小于（　　）。
    A．1/4　　　　　　　　　　 B．2/4
    C．1/5　　　　　　　　　　 D．2/5

11. 下列施工顺序中，属于强夯置换施打顺序的是（　　）。
    A．宜由外向内，依次顺序施打　　B．宜由内向外，依次顺序施打
    C．宜由外向内，隔孔分序跳打　　D．宜由内向外，隔孔分序跳打

12. 关于袋装砂井施工要求的说法，错误的是（　　）。
    A．孔口带出的泥土应及时清除，并用砂回填密实
    B．砂袋顶部应埋入砂垫层中，埋入长度应大于0.5m
    C．拔成孔套管将砂袋带出长度大于0.3m时，必须重新补打
    D．拔成孔套管连续两次将砂袋带出时，应停止施工，查明原因

13. 关于塑料排水板施工要求的说法，错误的是（　　）。
    A．在安装打设过程中不应扭曲和破损
    B．塑料排水板长度不够时应接长使用
    C．拔导管时将塑料排水板带出长度大于0.5m时，必须重新补打
    D．塑料排水板顶部应及时埋入砂垫层中，埋入长度应大于0.5m

14. 关于真空预压施工要求的说法，错误的是（　　）。
    A．真空管路连接应密封，在真空管路中应设置止回阀和阀门
    B．膜与膜之间应采用搭接方式连接，搭接长度不应小于30mm

C. 密封沟开挖深度应符合设计要求，密封膜顺密封沟铺设

D. 滤水管应选用滤水材料包裹严密，避免抽气后杂物进入抽真空装置

15. 塑料排水板打入深度应符合设计要求，拔导管时将塑料排水板带出长度大于（　　）m时，必须重新补打。

A. 0.2　　　　　　　　　　B. 0.3

C. 0.4　　　　　　　　　　D. 0.5

16. 堆载预压卸载时间应根据观测资料和工后沉降推算结果，评估通过后方可卸载。进行卸载评估的单位是（　　）。

A. 建设单位　　　　　　　　B. 设计单位

C. 评估单位　　　　　　　　D. 监理单位

17. 下列施工方法中，属于砂（碎石）桩成桩施工的是（　　）。

A. 振动成桩法　　　　　　　B. 挖孔成桩法

C. 钻孔成桩法　　　　　　　D. 静压成桩法

18. 下列施工方法中，属于砂（碎石）桩施工要求的是（　　）。

A. 砂性土地基应从中间向两侧进行

B. 黏性土地基的桩宜依次顺序施工

C. 软弱黏性土地基宜从外围向中间进行

D. 以挤密为主的桩宜进行隔排施工

19. 关于挤密桩施工要求的说法，正确的是（　　）。

A. 整片处理时，成桩施工宜从外向中间，同排应间隔1～2孔进行

B. 整片处理时，成桩施工宜从外向中间，同排应间隔3～4孔进行

C. 局部处理时，成桩施工宜由外向内，同排应间隔1～2孔进行

D. 局部处理时，成桩施工宜由外向内，同排应间隔3～4孔进行

20. 柱锤冲扩桩成孔应根据土质条件选择成孔机械，宜采用的成孔方法为（　　）。

A. 强力冲孔　　　　　　　　B. 人工挖孔

C. 振动成孔　　　　　　　　D. 静力压孔

21. 搅拌桩施工过程中应经常检查钻头直径，搅拌钻头直径磨耗量不应大于（　　）mm。

A. 6　　　　　　　　　　　B. 8

C. 10　　　　　　　　　　 D. 12

22. 搅拌桩因故停喷间歇时间过长，无法接续时，应采取的措施是（　　）。

A. 在原桩位上进行注浆处理　　B. 在原桩位上进行补桩处理

C. 在原桩位两边进行抬桩处理　D. 在原桩位旁边进行补桩处理

23. 旋喷管分段提升作业时宜搭接处理，搭接长度最小值为（　　）cm。

A. 10　　　　　　　　　　　B. 15

C. 20　　　　　　　　　　　D. 25

24. 下列施工方法中，属于振动沉管灌注施工工艺要求的是（　　）。

A. 钻机按设计桩位就位，调整钻杆垂直地面并对准桩位中心

B. 向管内泵送混合料，钻杆芯管充满混合料后开始拔管

C．投料后留振 5~10s，开始拔管，直至桩顶

D．边泵送混合料边匀速拔管至桩顶

25． 下列施工方法中，属于长螺旋钻管内泵压混合料灌注施工工艺要求的是（   ）。

A．桩机按设计桩位就位，调整沉管与地面垂直

B．边泵送混合料边匀速拔管至桩顶

C．振动沉管至设计深度

D．向管内一次投放混合料

26． CFG 桩施工，水泥、粉煤灰、碎石混合料应用搅拌机拌和。坍落度、拌和时间应按工艺性试验确定的参数进行控制，且拌和时间不应少于（   ）s。

A．30　　　　　　　　　　B．60

C．90　　　　　　　　　　D．120

27． 石质洞穴处理，宜采用（   ）回填。

A．水泥土　　　　　　　　B．石灰土

C．混凝土　　　　　　　　D．碎石土

28． 平缓地面上短而浅的路堑，施工时宜选择（   ）开挖方式开挖路堑。

A．全断面　　　　　　　　B．横向台阶

C．逐层顺坡　　　　　　　D．纵向台阶

29． 土质路堑，施工时宜选择（   ）开挖方式开挖路堑。

A．全断面　　　　　　　　B．横向台阶

C．逐层顺坡　　　　　　　D．纵向台阶

30． 石质路堑开挖严禁使用（   ）。

A．光面爆破　　　　　　　B．预裂爆破

C．深孔爆破　　　　　　　D．峒室药包爆破

31． 路堑开挖应该遵循（   ）的顺序，严禁掏底开挖。

A．从左至右　　　　　　　B．从右至左

C．从下而上　　　　　　　D．从上而下

32． 在岩石的走向、倾斜不利于边坡稳定及施工安全的地带，路堑应该（   ），并采取（   ）的措施。

A．顺层开挖，加强施工振动　　B．顺层开挖，减弱施工振动

C．跳层开挖，加强施工振动　　D．跳层开挖，减弱施工振动

33． 路堑开挖除不易风化硬质岩石基床外，开挖至基床设计标高以上不小于（   ）cm 时，应进行地基条件核查。

A．20　　　　　　　　　　B．30

C．40　　　　　　　　　　D．50

34． 关于膨胀土路堑施工原则的说法，正确的是（   ）。

A．宜在雨季施工

B．宜采用跳槽开挖

C．施工中边坡有渗水时应采取封闭处理措施

D．支挡和防护施工不能紧跟时，边坡应预留不小于0.2m的保护层

35．膨胀土路堑施工，当砌筑不能紧跟开挖时，开挖的边坡应暂留厚度不小于（　　）m的保护层。
  A．0.3　　　　　　　　　B．0.4
  C．0.5　　　　　　　　　D．0.8

36．不易风化的硬质岩石基床，应将表面做成向两侧4%的排水坡，做到表面平顺、肩棱整齐，对开挖不平处宜采用（　　）补齐。
  A．干砌片石　　　　　　B．C15混凝土
  C．浆砌片石　　　　　　D．C25混凝土

37．下列开挖方法中，适用于土、石质傍山路堑的是（　　）。
  A．全断面开挖　　　　　B．横向台阶开挖
  C．逐层顺坡开挖　　　　D．纵向台阶开挖

38．石质路堑宜采用（　　）相结合的施工方法。
  A．光面爆破、硐室爆破与深孔爆破
  B．光面爆破、深孔爆破与预裂爆破
  C．预裂爆破、光面爆破与硐室爆破
  D．预裂爆破、硐室爆破与深孔爆破

39．设计速度200km/h有砟轨道铁路基床以下路堤填料的最大粒径不应大于（　　）mm。
  A．50　　　　　　　　　B．75
  C．150　　　　　　　　D．300

40．路基填筑工艺性试验段长度不宜小于（　　）m，各种形式的过渡段应分别进行填筑工艺试验。
  A．40　　　　　　　　　B．60
  C．80　　　　　　　　　D．100

41．基床以下路堤填筑碾压应按先两侧后中间，（　　）的操作程序进行。
  A．先静压、后弱振、再强振　　B．先静压、后强振、再弱振
  C．先弱压、后静振、再强振　　D．先弱压、后强振、再静振

42．下列路堤填筑控制指标中，可用于化学改良土填筑基床以下路堤的是（　　）。
  A．地基系数K_{30}　　　　　B．压实系数K
  C．变形模量E_{v2}　　　　　D．动态变形模量E_{vd}

43．基床表层施工按"三阶段、四区段、六流程"组织作业。下列施工工序中，属于基床表层作业的是（　　）。
  A．拌和运输　　　　　　B．洒水晾晒
  C．摊铺平整　　　　　　D．基底处理

44．关于基床表层级配碎石填筑施工要求的说法，正确的是（　　）。
  A．级配碎石摊铺时特定情况下可以采用薄层贴补法找平
  B．直线地段碾压时，应由线路中心向两侧路肩开始碾压
  C．碾压前应检查级配碎石含水率是否略小于施工最优含水率

D．碾压时应采用先静压、后弱振、再强振的方式，最后静压收光

45．关于重力式挡土墙墙高的说法，正确的是（　　）。
A．路肩墙、路堤墙，墙高不宜大于10m
B．土质路堑地段，墙高不宜大于10m
C．膨胀岩土路堑地段，墙高不宜大于6m
D．墙身采用浆砌片石时，墙高不宜大于8m

46．重力式挡土墙墙身材料宜采用混凝土、片石混凝土等，单位体积的片石混凝土中片石含量不应超过（　　）。
A．10%　　　　　　　　　B．15%
C．20%　　　　　　　　　D．25%

47．下列地段中，适用于土钉墙的是（　　）。
A．腐蚀性地层　　　　　　B．地下水较发育地段
C．膨胀土地段　　　　　　D．破碎软弱岩质地段

48．抛石垛防护抛石前应做好抛投试验，确定抛投工艺参数。抛投应按（　　）的顺序进行。
A．先上游后下游、先深后浅、先远后近
B．先下游后上游、先深后浅、先远后近
C．先上游后下游、先浅后深、先远后近
D．先上游后下游、先深后浅、先近后远

49．当路基地段地下水埋藏较深时，可采用的排水方式为（　　）。
A．排水槽　　　　　　　　B．渗水隧洞
C．渗水暗沟　　　　　　　D．边坡渗沟

50．路基上电缆槽安装完成后应采用（　　）回填基坑，并及时施工槽外混凝土护肩。
A．M7.5浆砌片石　　　　　B．C20混凝土
C．M10浆砌片石　　　　　D．C25混凝土

51．声屏障桩基础施工时应先做静载试验，试桩根数不小于总桩数的（　　），试桩合格后方可进行后续施工。
A．1%　　　　　　　　　　B．2%
C．3%　　　　　　　　　　D．4%

二 多项选择题

1．铁路工程路基施工地基处理的方法有（　　）等。
A．换填　　　　　　　　　B．块石砌筑
C．碎石垫层　　　　　　　D．强夯置换
E．真空预压

2．关于换填施工工艺要求的说法，正确的有（　　）。
A．换填土层挖除后，坑底应按设计要求整平并碾压密实

B．底部起伏较大时宜设置台阶或缓坡，并按先浅后深的顺序进行换填施工
C．换填土层采用机械挖除时应预留保护层，由人工清理厚度宜为 30~50cm
D．换填部位开挖完成后应及时分层填筑碾压，达到相应压实标准
E．换填完成后，应尽快进行下道工序施工，并采取措施防止地基积水下渗

3．关于砂（碎石）垫层施工要求的说法，正确的有（　　）。
　　A．碎石垫层应采用级配良好且不易风化的砾石或碎石
　　B．砂垫层应采用中、粗砂或砾砂，不含草根、垃圾等杂质
　　C．中、粗砂或砾砂用作排水固结时，含泥量不应大于 5%
　　D．碎石垫层施工前应进行工艺性试验，确定工艺参数
　　E．碎石垫层施工前应将基底清理、整平并完成排水系统

4．冲击（振动）碾压施工前应选取代表性场地进行工艺性试验，需确定的工艺参数有（　　）。
　　A．碾压走行路线　　　　　　　B．碾压走行速度
　　C．单点夯击次数　　　　　　　D．夯击时间间隔
　　E．碾压遍数

5．关于冲击碾压施工要求的说法，正确的有（　　）。
　　A．冲击碾压应通过改变转弯半径调整冲压地点，使其均匀冲压
　　B．振动碾压应控制碾压速度，施工应由地基处理中心向两侧碾压
　　C．相邻两段冲击碾压搭接长度不宜小于 15m
　　D．相邻两段振动碾压搭接长度不宜小于 15m
　　E．冲击（振动）碾压压实系数和承载力应符合设计要求

6．强夯及强夯置换施工前，应按设计初步确定的夯实参数，在有代表性场地上进行试夯。通过夯实前后测试数据对比，检验夯实效果，需确定的工艺参数有（　　）等。
　　A．强夯单击夯击能　　　　　　B．单点夯击次数
　　C．夯前地面高程　　　　　　　D．夯击时间间隔
　　E．夯击点布置

7．强夯置换墩体材料宜采用（　　）等。
　　A．块石　　　　　　　　　　　B．碎石
　　C．矿渣　　　　　　　　　　　D．黏土
　　E．砂子

8．袋装砂井施工成孔方式有（　　）。
　　A．振动贯入法　　　　　　　　B．锤击打入法
　　C．钻机成孔法　　　　　　　　D．人工插入法
　　E．静力压入法

9．关于塑料排水板施工要求的说法，正确的有（　　）。
　　A．塑料排水板与桩尖应连接牢固，桩尖平端与导管靴配合要适当
　　B．塑料排水板在安装及打设过程中不应扭曲，透水膜不应破损
　　C．拔导管时将塑料排水板带出长度大于 0.5m 时，必须重新补打

D．塑料排水板顶部应及时埋入砂垫层中，埋入长度应大于0.3m

E．塑料排水板长度不足时应接长使用

10．关于真空预压施工工艺要求的说法，正确的有（　　）。

A．砂垫层中布设真空管

B．开挖密封沟，铺设密封膜

C．铺设砂垫层，打设横向排水体

D．安装抽真空装置，检查密封性

E．在加固范围内按设计要求设置变形观测点，开始抽真空

11．砂桩施工前应根据设计、地质及机械等情况，选择有代表性地段进行成桩工艺性试验，需确定的工艺参数有（　　）等。

A．拔管高度　　　　　　　　B．振密电压

C．留振时间　　　　　　　　D．锤击贯入度

E．分段填砂量

12．下列施工工艺要求中，属于振动重复压拔管法施工的有（　　）。

A．启动振动器，将桩管振动压入土中

B．边振动边拔管，拔至工艺试验确定的高度

C．桩管压到设计深度后，向桩管内投入规定数量的砂（碎石）料

D．放下内管至外管内的砂（碎石）料面上，提升外管与内管平齐

E．再一次向桩管内投入规定数量的砂（碎石）料，重复循环施工至桩顶

13．振动法施工应严格控制（　　）等，保证桩体连续、均匀、密实。

A．拔管高度　　　　　　　　B．拔管速度

C．压管次数　　　　　　　　D．振密电流

E．贯入度

14．挤密桩成孔应根据设计要求、成孔设备、现场土质和周围环境等情况，选用（　　）等方法机械成孔。

A．沉管　　　　　　　　　　B．冲击

C．静压　　　　　　　　　　D．钻孔

E．夯扩

15．挤密桩施工前应进行成桩工艺性试验，灰土（水泥土）桩应确定的工艺参数有（　　）等。

A．最优含水率　　　　　　　B．分层填料量

C．分层厚度　　　　　　　　D．充盈系数

E．夯击遍数

16．下列施工方法中，属于柱锤冲扩桩施工要求的有（　　）。

A．柱锤冲扩桩加固较深、柱锤长度不够时可先挖部分土再进行冲扩

B．柱锤冲扩桩加固时，成孔和填料夯实的施工宜依次顺序施打

C．柱锤冲扩桩冲击难以成孔时可采用填料冲击成孔、钻孔等方法

D．孔内填料夯填前应检查成孔直径、孔深、垂直度和孔内虚土等

E．柱锤冲扩桩成孔深度应满足设计要求，孔底应夯击密实

17. 搅拌桩施工前应选择代表性地段进行成桩工艺性试验，确定（　　）等施工参数，检验成桩效果。
    A．加固材料掺入量　　　　　B．单位桩长喷入量
    C．钻进速度　　　　　　　　D．分层厚度
    E．喷搅次数

18. 关于搅拌桩施工要求的说法，正确的有（　　）。
    A．钻头钻到设计深度后应确保粉（浆）到达桩底
    B．钻头提升至桩顶以上0.1m时可停止喷粉（浆）
    C．粉体喷射搅拌桩成桩过程中，应保证边喷粉、边提升连续作业
    D．粉体喷射搅拌桩因故停工时，继续施工接桩重叠长度不应小于1m
    E．浆体喷射搅拌桩因故停浆时，继续施工接桩重叠长度不应小于1m

19. 旋喷桩施工前应进行成桩工艺性试验，确定（　　）等工艺参数，检验成桩效果。
    A．注浆量　　　　　　　　　B．喷搅次数
    C．注浆压力　　　　　　　　D．加固料掺入比
    E．旋转提升速度

20. 水泥粉煤灰碎石（CFG）桩施工前应选择具有代表性地段进行成桩工艺性试验，确定（　　）等工艺参数。
    A．坍落度　　　　　　　　　B．搅拌时间
    C．拔管速度　　　　　　　　D．混合料设计配合比
    E．振动沉管桩机的终孔电流

21. 关于岩溶、洞穴处理施工要求的说法，正确的有（　　）。
    A．路基面上的溶洞宜采用片石混凝土封闭
    B．岩溶处理施工中应及时堵塞泉水出逸点
    C．边坡及坡顶上的溶洞，应清除其充填物
    D．注浆作业应采取"探灌结合、分序施工"
    E．注浆孔宜采用地质钻探方法成孔

22. 路堑开挖爆破应根据（　　）选择适当方法。
    A．岩性　　　　　　　　　　B．产状
    C．边坡高度　　　　　　　　D．地形条件
    E．地下水位

23. 关于路堑开挖要求的说法，正确的有（　　）。
    A．路堑开挖前应先检查坡顶坡面，妥善处理危石
    B．路堑开挖施工应自下而上进行，边开挖边整形
    C．位于岩石走向不利于边坡稳定地段时，应采取减弱振动的措施
    D．在设有支挡结构地段，应采取短开挖，并设临时支护措施
    E．路堑开挖不良地质地段时应跳槽开挖，及时完成支挡工程

24. 位于岩石的走向、倾斜不利于边坡稳定及施工安全且设有支挡结构的地段，应采取的开挖方式有（　　）。

A．短开挖　　　　　　　　B．马口开挖
C．顺坡开挖　　　　　　　D．台阶开挖
E．横向开挖

25．关于膨胀土路堑开挖要求的说法，正确的有（　　）。
A．膨胀土路堑不宜在雨季施工
B．支挡和防护结构应随挖随护
C．膨胀土路堑边坡宜采用全断面开挖方法
D．施工过程中发现边坡有渗水时应采取引排等处理措施
E．支挡和防护施工不能紧跟时，边坡应预留不小于 0.5m 厚保护层

26．关于石质路堑爆破施工要求的说法，正确的有（　　）。
A．光面爆破可采用预留光爆层办法实施
B．路堑石质完好时宜采用全断面法爆破开挖
C．预裂爆破应选用低威力、低爆速、低密度的炸药
D．光面炮孔的倾斜度应与设计边坡坡度一致，每层炮孔底应设在同一平面上
E．预裂炮孔和主炮孔在同一网路中起爆时，坚硬岩石预裂炮孔超前主炮孔起爆时间宜为 50～80ms

27．重载铁路和设计速度 200km/h 及以下有砟轨道铁路基床以下路堤可采用的填料有（　　）。
A．A 组填料　　　　　　　B．B 组填料
C．C 组填料　　　　　　　D．D 组填料
E．化学改良土

28．关于路基填筑工艺性试验要求的说法，正确的有（　　）。
A．试验段长度不宜小于 200m
B．普通填料填筑工艺试验宜选用重型压路机
C．改良土填筑工艺试验宜选用重型振动压路机
D．砂类土填料每层的最大压实厚度不宜大于 50cm
E．过渡段距离结构物 2m 以内的部位应采用小型压实机械压实

29．路基填筑工艺性试验段完成后，应及时编制试验段总结报告并报监理单位确认，试验成果应包括的主要内容有（　　）。
A．机械设备组合
B．适宜的填筑速率
C．改良土外掺料掺入比
D．填料的施工含水率控制范围
E．压路机碾压行走速度、碾压方式、碾压遍数

30．关于基床以下路堤填筑要求的说法，正确的有（　　）。
A．路基横断面宽度每侧宜超填 30cm
B．路堤应沿横断面全宽、纵向分层填筑
C．每一水平层的全宽应用同一种填料填筑
D．填料摊铺应使用推土机进行初平，再用平地机进行平整

E．碾压应按先中间后两侧，先静压、后强振、再弱振的操作程序进行

31．下列属于基床以下路堤采用砂类土填筑时作为控制指标的有（　　）。
A．压实系数 K
B．地基系数 K_{30}
C．变形模量 E_{v2}
D．动态变形模量 E_{vd}
E．7d 饱和无侧限抗压强度 q_u

32．基床以下路堤填筑应按"三阶段、四区段、八流程"施工工艺组织施工，下列施工工序中，属于基床以下路堤填筑"八流程"的有（　　）。
A．基底处理　　　　　　　　B．拌和运输
C．分层填筑　　　　　　　　D．摊铺平整
E．洒水晾晒

33．关于基床表层级配碎石填筑要求的说法，正确的有（　　）。
A．级配碎石摊铺可以采用薄层贴补法找平
B．级配碎石摊铺可采用摊铺机或平地机进行
C．基床表层摊铺碾压区段长度不宜小于 50m
D．用平地机摊铺时，布料采用方格网控制填料数量
E．碾压时应采用先静压、后弱振、再强振的方式，最后静压收光

34．关于锚杆挡土墙钻孔施工要求的说法，正确的有（　　）。
A．钻孔机具根据设计孔径及岩土性质合理选择，并应采用湿钻
B．钻孔后应用高压风清孔，清除孔内粉尘、石渣
C．孔径、孔位、深度和钻孔倾角应符合设计要求
D．在岩层破碎地层中应采用套管跟进钻孔
E．钻孔深度宜大于设计深度 0.5m

35．关于加筋土挡土墙筋材之间连接或筋材与墙面板之间连接施工要求的说法，正确的有（　　）。
A．墙面板的预埋连接件与钢筋混凝土板条拉筋之间应采用绑扎连接
B．墙面板与土工格栅或复合土工带拉筋之间应采用金属连接件连接
C．钢塑复合带与墙面板连接，应穿过穿筋孔后进行绑扎
D．钢筋与钢筋、钢筋与锚杆之间连接，应采用双面焊接
E．焊接长度不小于 4 倍主筋直径

36．关于加筋土挡土墙填料填筑要求的说法，正确的有（　　）。
A．填料应分层填筑、碾压，压实质量应符合设计要求
B．填料碾压顺序应从拉筋一端开始并平行于拉筋碾压
C．填料未压实前碾压机械不应做小半径转向操作
D．先静压后再振动碾压
E．严禁使用羊足碾碾压

37．关于土钉墙施工要求的说法，正确的有（　　）。
A．土钉墙高度不宜大于 10m

B．土钉墙墙面胸坡宜为 1∶0.1～1∶0.4

C．土层中钻孔时应采用湿钻，防止塌孔、缩孔

D．土钉墙适用于一般地区破碎软弱岩质路堑地段

E．土钉墙施工应从上至下分层开挖、分层锚固、分层喷护

38．关于抗滑桩桩孔开挖施工要求的说法，正确的有（　　）。

A．开挖及支护应尽量避免在雨季施工

B．严禁在桩顶以上边坡设置施工便道

C．桩体混凝土浇筑 6h 后，方可开挖邻桩

D．开挖桩群时应从一端向另一端顺序开挖

E．下一节桩孔开挖应在上一节护壁混凝土拆模后进行

39．关于预应力锚索施工要求的说法，正确的有（　　）。

A．预应力锚索锚固段宜置于稳定岩层内

B．预应力锚索适用于地震地区的边坡及滑坡

C．预应力锚索应采用高强度、低松弛的钢绞线制作

D．锚索处于极软岩、风化岩时，宜采用应力集中型锚索

E．预应力锚索进行拉拔锚固试验，试验根数为工作锚索数量的 2%，且不少于 2 根

40．关于路堑边坡喷锚网防护施工要求的说法，正确的有（　　）。

A．喷射作业应自上而下分层进行

B．边坡地下水出露时，应及时堵塞封闭

C．混凝土喷射前应进行试喷，确定施工水灰比

D．喷射混凝土应表面光洁平整，骨料分布均匀，回弹量小

E．喷锚网防护施工前应清刷坡面浮土、浮石并用高压水冲洗

41．当路基地段地下水埋藏浅或无固定含水层时，可采用（　　）等排水方式。

A．排水槽 B．渗管

C．渗水暗沟 D．渗水隧洞

E．支撑渗沟

42．关于整体式声屏障基础施工要求的说法，正确的有（　　）。

A．声屏障基础宜采用人工开槽

B．声屏障基础应采用片石混凝土浇筑

C．埋设锚杆钢筋时，基底钻孔采用机械成孔

D．声屏障基础宜每 10～20m 设置一道沉降缝

E．切割开槽应在路基本体碾压完成之后电缆槽施工前进行

3.2　过渡段及特殊路基施工

复习要点

1．过渡段施工：包括路堤与桥台过渡段、路堤与横向结构物过渡段、路堤与路堑过渡段等施工要求。

2. 特殊路基施工：包括软土、松软土地基、膨胀土地基、黄土地区、盐渍土地基、季节冻土地区等环境条件上路基填筑的施工技术。

一 单项选择题

1. 有砟轨道城际铁路、重载铁路及客货共线铁路长度小于（   ）m，应按过渡段进行特殊设计。
    A．20   B．30
    C．40   D．50
2. 特殊路基施工，需要设置隔断层的路堤为（   ）。
    A．膨胀土地基上的路堤   B．黄土地区的路堤
    C．盐渍土地基上的路堤   D．季节冻土地区路基

二 多项选择题

1. 关于过渡段施工要求的说法，正确的有（   ）。
    A．过渡段填筑前，应进行现场工艺性试验，确定填筑控制参数
    B．过渡段每压实层均应形成路拱，路拱横向排水坡宜为 1%～2%
    C．过渡段与相连路堤及锥体不能同步施工时，应在填筑交界处设置台阶，台阶高度与碾压厚度一致，台阶坡度宜为 1∶2
    D．掺水泥级配碎石混合料宜在 8h 内填筑压实完毕
    E．填筑压实过程中，应保证桥台、横向结构物稳定，无损伤
2. 关于松软土地基上的路堤填筑要求的说法，正确的有（   ）。
    A．松软土地段路基应保证必要的预压期
    B．反压护道应在路基填筑完成后进行填筑
    C．采用排水固结地基处理措施时，应控制填筑速率
    D．填料、填筑压实方法及压实标准应符合路堤相应部位的规定
    E．护道顶面应平整密实并设有向路基两侧的排水坡，边坡坡面应顺直无凹陷

3.3 营业线路基施工

复习要点

1. **一般规定**：包括营业线及邻近营业线路基工程施工要求等。
2. **帮宽加固施工**：包括路堤帮宽、路堑拓宽、路基加固等施工要求。

一 单项选择题

1. 营业线路基施工前应进行图纸会审，依据设计文件会同（   ）共同进行施工

调查和现场核对。

  A．建设单位   B．设计单位
  C．设备单位   D．监理单位

 2．影响营业线行车的路基爆破作业必须在线路封锁时间内进行，应采用（ ）技术，并设防护网、排架或棚架等防护设施。

  A．定向爆破   B．控制爆破
  C．光面爆破   D．预裂爆破

二、多项选择题

 1．关于临时道口设置规定的说法，正确的有（ ）。

  A．临时道口设置应按规定办理相关审批及验收手续
  B．应按铁路路基施工管理有关规定进行管理
  C．设置期间必须指派专人看守
  D．电气化区段应加设限高架
  E．使用完毕必须及时拆除

 2．关于营业线路堑拓宽施工要求的说法，正确的有（ ）。

  A．拆除既有挡护、防护设施应保证既有路堑边坡稳定，必要时设置临时支撑进行加固或防护，并随开挖进度自上而下分层、分段拆除
  B．路堑拓宽时，按相关要求在营业线一侧设置防护隔离设施，严禁材料、机具侵限
  C．路堑拓宽应按照横断面自外侧向内侧进行，防止因开挖不当引起边坡不稳或坍塌
  D．路堑拓宽时应随时观测坡面稳定情况，发现异常应及时采取措施
  E．影响营业线行车的路基爆破作业必须在线路封锁时间内进行

【参考答案】

【3.1 参考答案】

一、单项选择题

1．B； 2．B； 3．D； 4．D； 5．C； 6．D； 7．A； 8．D；
9．B； 10．A； 11．D； 12．C； 13．B； 14．B； 15．D； 16．C；
17．A； 18．D； 19．C； 20．A； 21．C； 22．D； 23．A； 24．C；
25．B； 26．B； 27．C； 28．A； 29．C； 30．D； 31．D； 32．B；
33．D； 34．B； 35．C； 36．D； 37．D； 38．B； 39．C； 40．D；
41．A； 42．B； 43．A； 44．D； 45．A； 46．C； 47．D； 48．A；
49．B； 50．D； 51．A

二、多项选择题

1．A、C、D、E； 2．A、C、D、E； 3．A、B、D、E； 4．A、B、E；

5. A、C、E；　　6. A、B、D、E；　　7. A、B、C；　　8. A、B、E；
9. A、B、C；　　10. A、B、D、E；　　11. A、C、D、E；　　12. A、B、C、E；
13. A、B、C、D；　　14. A、B、E；　　15. A、C、E；　　16. A、C、D、E；
17. A、B、C、E；　　18. A、C、D；　　19. A、C、D、E；　　20. A、B、C、E；
21. A、C、D、E；　　22. A、B、C、D；　　23. A、C、D、E；　　24. A、B；
25. A、B、D、E；　　26. A、C、D、E；　　27. A、B、C、E；　　28. B、C、E；
29. A、C、D、E；　　30. B、C、D；　　31. A、B、C；　　32. A、C、D、E；
33. B、D、E；　　34. B、C、D、E；　　35. B、C、D；　　36. A、C、D、E；
37. A、B、D、E；　　38. A、B、E；　　39. A、B、C；　　40. C、D、E；
41. A、C、E；　　42. C、E

【3.2　参考答案】

一、单项选择题

1. A；　　2. C

二、多项选择题

1. A、C、E；　　2. A、C、D、E

【3.3　参考答案】

一、单项选择题

1. C；　　2. B

二、多项选择题

1. A、C、D、E；　　2. A、B、D、E

第4章 铁路桥涵工程

4.1 桥梁下部施工

复习要点

1. **桥梁基础施工**：包括各类围堰施工、扩大基础施工、桩基础施工、沉井基础施工、基础模筑施工技术要求。
2. **桥梁墩台施工**：包括一般墩台施工方法、特殊墩台施工方法。

一、单项选择题

1. 适用于高桩承台施工的围堰类型为（　　）。
   A．土围堰　　　　　　　　B．土袋围堰
   C．钢板桩围堰　　　　　　D．钢吊箱围堰
2. 土袋围堰适用于水深（　　）的土层。
   A．不大于2m、流速小于1.5m/s、河床为渗水性较大
   B．不大于2m、流速小于1.8m/s、河床为渗水性较大
   C．不大于3m、流速小于1.5m/s、河床为渗水性较小
   D．不大于3m、流速小于1.8m/s、河床为渗水性较小
3. 钢板桩围堰的施工程序是（　　）。
   A．围图的设置→围图安装→钢板桩整理→钢板桩的插打和合龙
   B．围图的设置→钢板桩整理→围图安装→钢板桩的插打和合龙
   C．钢板桩整理→钢板桩插打→围图设置→围图的安装和合龙
   D．钢板桩整理→围图设置→围图安装→钢板桩的插打和合龙
4. 吊箱围堰封底厚度应根据抽水时吊箱不上浮的原则计算确定，封底厚度不宜小于（　　）m。
   A．0.5　　　　　　　　　　B．1.0
   C．1.5　　　　　　　　　　D．2.0
5. 垂直开挖的坑壁条件中，松软土质基坑深度不超过（　　）m。
   A．0.75　　　　　　　　　B．1.50
   C．1.75　　　　　　　　　D．2.0
6. 铁路桥梁基础无护壁基坑的开挖方式是（　　）。
   A．放坡或垂直开挖　　　　B．喷射混凝土支护开挖
   C．竖挡板支撑开挖　　　　D．现浇混凝土支护开挖
7. 铁路桥梁基础施工除流沙及呈流塑状态的黏性土外，适用于各类土的开挖防护类型是（　　）。
   A．横、竖挡板支撑　　　　B．钢（木）框架支撑

C. 喷射混凝土护壁　　　　　　D. 现浇混凝土护壁

8. 喷射混凝土护壁适用于（　　）的基坑。
   A. 稳定性不好、渗水量少　　　B. 稳定性不好、渗水量多
   C. 稳定性好、渗水量少　　　　D. 稳定性好、渗水量多

9. 现浇混凝土护壁除（　　）外，适用于各类土的开挖防护。
   A. 粗砂及砂性土
   B. 细砂及黏性土
   C. 细砂及砂性土
   D. 流沙及呈流塑状态的黏性土

10. 基坑基底处理时，黏性土层基底修整应在天然状态下铲平，不得用回填土夯平。必要时，可向基底回填（　　）cm 以上厚度的碎石，碎石层顶面不得高于基底设计高程。
    A. 5　　　　　　　　　　　　B. 10
    C. 15　　　　　　　　　　　 D. 20

11. 放坡开挖的基坑，基坑平面尺寸应按基础大小每边加宽（　　）m，基础如有凹角，基坑仍应取直。
    A. 0.2～0.4　　　　　　　　 B. 0.2～0.5
    C. 0.3～0.5　　　　　　　　 D. 0.3～0.6

12. 采用横、竖挡板支撑、钢（木）框架支撑的施工方法，在施工完毕拆除支撑时，应（　　）分段拆除，拆一段回填夯实一段。
    A. 自上而下　　　　　　　　　B. 自下而上
    C. 自左向右　　　　　　　　　D. 自右向左

13. 某铁路桥梁基础长 10m、宽 6m、深 3m，所处位置土质湿度正常，结构均匀，为密实黏性土。该基础开挖方法宜采用（　　）。
    A. 无护壁垂直开挖　　　　　　B. 无护壁放坡开挖
    C. 有护壁垂直开挖　　　　　　D. 有护壁放坡开挖

14. 沉桩施工中当落锤高度已达规定最大值和每击贯入度不大于 2mm 时，应立即停锤，当沉桩深度尚未达到设计高程时，应查明原因采用换锤或辅以射水等措施进行沉桩，但桩尖距设计高程不大于（　　）m 时一般不应采用射水下沉。
    A. 1.0　　　　　　　　　　　 B. 1.5
    C. 2.0　　　　　　　　　　　 D. 2.5

15. 沉入桩施工中，桩位放样施工的紧后工序是（　　）。
    A. 施工准备　　　　　　　　　B. 振动沉桩
    C. 沉桩检验　　　　　　　　　D. 桩架对位

16. 关于锤击沉桩施工技术要求的说法，正确的是（　　）。
    A. 当落锤高度已达规定最小值时，应立即停锤
    B. 桩尖距设计高程不大于 2m 时一般采用射水下沉
    C. 在预计或有迹象进入软土层时，应改用较低落距锤击
    D. 当距离在 30m 范围内的新浇混凝土强度未达到 3MPa 时，不得进行锤击

沉桩

17. 下列情形中，预应力混凝土沉桩施工应改用较低落距锤击的是（　　）。
    A. 进入软土地层　　　　　　B. 达到设计标高
    C. 遇到孤石地层　　　　　　D. 出现风化岩层

18. 静力压桩适用于（　　），当有夹砂层时，应采取相应的施工措施。
    A. 坚硬状态的黏土　　　　　B. 可塑状态黏性土
    C. 中密以上的砂土　　　　　D. 硬塑状态黏性土

19. 正循环旋转钻机适用于黏性土、砂类土和（　　）。
    A. 软岩　　　　　　　　　　B. 硬岩
    C. 砾石　　　　　　　　　　D. 卵石

20. 锤击沉桩时，当距离在（　　）m 范围内的新浇筑混凝土强度未达到（　　）MPa 时，不得进行锤击沉桩。
    A. 20，3　　　　　　　　　　B. 30，3
    C. 20，5　　　　　　　　　　D. 30，5

21. 适用于反循环旋转钻孔的清孔方式是（　　）。
    A. 吸泥法清孔　　　　　　　B. 换浆法清孔
    C. 掏渣法清孔　　　　　　　D. 高压射风（水）辅助清孔

22. 干作业成孔的钻孔桩混凝土可按水下混凝土标准进行配制，严格按照导管法干孔浇筑，桩顶混凝土应进行振捣的范围不得少于（　　）m。
    A. 1　　　　　　　　　　　　B. 2
    C. 3　　　　　　　　　　　　D. 4

23. 关于清孔后孔底沉渣厚度的说法，正确的是（　　）。
    A. 柱桩一般不大于 10cm，摩擦桩不大于 30cm
    B. 柱桩一般不大于 5cm，摩擦桩不大于 30cm
    C. 柱桩一般不大于 10cm，摩擦桩不大于 20cm
    D. 柱桩一般不大于 5cm，摩擦桩不大于 20cm

24. 关于桩基成孔后清孔要求的说法，正确的是（　　）。
    A. 灌注水下混凝土前应清底，柱桩孔底沉渣厚度不大于 100mm
    B. 可以采用加大钻孔深度的方式代替清孔
    C. 清孔达标后应立即进行混凝土浇筑
    D. 掏渣法清孔适用于正循环旋转钻机

25. 钻孔桩水下混凝土的灌注可采用（　　）。
    A. 泵送法　　　　　　　　　B. 横向导管法
    C. 竖向导管法　　　　　　　D. 直接灌注法

26. 关于水下混凝土灌筑要求的说法，正确的是（　　）。
    A. 每根桩的浇筑时间不应过长，宜在混凝土终凝时间内完成
    B. 干作业成孔的钻孔桩混凝土灌筑可按水下混凝土要求进行
    C. 桩顶混凝土浇筑面高程应高出设计桩顶高程 0.3m
    D. 水下混凝土浇筑用储料斗宜采用钢制储料斗

27. 就地制作沉井基础的施工工序在支立外模和抽垫木之间进行的是（　　）。
    A．绑扎钢筋　　　　　　　　B．浇筑底节混凝土
    C．安装钢刃角　　　　　　　D．支排架及底模板
28. 沉井接高前应尽量调平，接高时（　　），接高上节模板时，支撑不得直接撑在地面上，并应考虑沉井因接高加重下沉时，模板支撑不致接触地面。
    A．井顶露出水面不得小于 1.5m，井顶露出地面不得小于 0.5m
    B．井顶露出水面不得小于 1.5m，井顶露出地面不得小于 1.0m
    C．井顶露出水面不得小于 2.5m，井顶露出地面不得小于 0.5m
    D．井顶露出水面不得小于 2.5m，井顶露出地面不得小于 1.0m
29. 在浅水或可能被水淹没的旱地上就地浇筑沉井施工时，应（　　）制作沉井。
    A．筑岛　　　　　　　　　　B．整平夯实
    C．围堰　　　　　　　　　　D．开挖基坑
30. 沉井制作时填筑土模宜采用（　　）。
    A．砂性土　　　　　　　　　B．黏性土
    C．碎石土　　　　　　　　　D．粗粒土
31. 在软土中沉井至设计高程并清基后，应进行沉降观测，待（　　）时方可进行封底。
    A．6h 累计下沉量小于 5mm　　B．6h 累计下沉量小于 10mm
    C．8h 累计下沉量小于 5mm　　D．8h 累计下沉量小于 10mm
32. 铁路桥梁墩台应该按照（　　）的施工顺序施工。
    A．墩台底面放线→基底处理→绑扎钢筋→安装模板→浇筑混凝土→养护、拆模
    B．基底处理→墩台底面放线→绑扎钢筋→安装模板→浇筑混凝土→养护、拆模
    C．墩台底面放线→基底处理→安装模板→绑扎钢筋→浇筑混凝土→养护、拆模
    D．基底处理→墩台底面放线→安装模板→绑扎钢筋→浇筑混凝土→养护、拆模
33. 超过 100m 的铁路桥梁高墩，一般多为（　　）结构。
    A．柔性超静定　　　　　　　B．框架
    C．薄壁空心　　　　　　　　D．预制装配
34. 目前，铁路桥梁高墩墩身多采用（　　）施工。
    A．定型模板　　　　　　　　B．整体模板
    C．爬模和转模　　　　　　　D．爬模和翻模
35. 爬模施工时，爬升架爬升、就位的紧后工序是（　　）。
    A．浇筑混凝土　　　　　　　B．提升模板就位
    C．制作钢筋笼　　　　　　　D．安放钢筋

二　多项选择题

1. 桥梁基础施工时对于水深大于 5m 的河床，适合采用的围堰类型有（　　）。
    A．土围堰　　　　　　　　　B．土袋围堰
    C．钢板桩围堰　　　　　　　D．钢吊箱围堰

E．双壁钢围堰

2．钢板桩围堰施工时钢板桩平面布置一般采用（　　）。
   A．圆形　　　　　　　　　B．三角形
   C．梯形　　　　　　　　　D．圆端形
   E．矩形

3．钢板桩围堰的施工程序包括（　　）。
   A．围图安装　　　　　　　B．钢板桩整理
   C．围图整修　　　　　　　D．钢板桩的插打和合龙
   E．围图的设置

4．关于基坑围堰施工要求的说法，正确的有（　　）。
   A．堰内面积应满足基础施工的需要
   B．围堰应做到防水严密，减少渗漏
   C．围堰应满足强度、稳定性的要求
   D．围堰的顶面宜高出施工期间可能出现的最高水位1.5m
   E．对于河流断面被围堰压缩而引起的冲刷，应有防护措施

5．关于钢吊箱围堰施工要求的说法，正确的有（　　）。
   A．吊箱围堰适用于低桩承台
   B．吊箱围堰可在浮箱上组拼
   C．吊箱围堰施工平台可利用正式桩
   D．吊箱围堰封底厚度不宜小于0.5m
   E．封底混凝土浇筑后，进行吊箱内抽水，浇筑承台

6．围堰内泥土开挖方法有（　　）。
   A．有水开挖　　　　　　　B．冲抓法开挖
   C．无水开挖　　　　　　　D．冲吸法开挖
   E．人力开挖

7．扩大基础无护壁基坑的开挖作业方法有（　　）。
   A．人工开挖　　　　　　　B．机械开挖
   C．垂直开挖　　　　　　　D．放坡开挖
   E．钻爆开挖

8．铁路施工中常用的降水措施有（　　）。
   A．特大井点降水　　　　　B．大井点降水
   C．小井点降水　　　　　　D．深井点降水
   E．浅井点降水

9．下列基坑开挖情形中，需要采用支撑加固坑壁的有（　　）。
   A．基坑开挖影响附近建筑物　　B．较深基坑放坡开挖不经济
   C．垂直开挖造成边坡不稳定　　D．基坑地处稳定的含水土壤
   E．放坡开挖无法保持边坡稳定

10．桥梁基础基坑基底的处理方法有（　　）。
    A．岩层基底应清除岩面松碎石块

B. 黏性土层基底修整时可用回填土夯平

C. 为倾斜岩层时应将岩面凿平或成台阶

D. 基底回填碎石底面等于基底设计高程

E. 泉眼可用堵塞或排引的方法处理

11. 桥梁基础桩的检验方式有（　　）。

　　A. 抽芯法　　　　　　　　　B. 开挖检查

　　C. 动测法　　　　　　　　　D. 声波检测法

　　E. 回弹法

12. 铁路桥梁中采用的桩基础可分为（　　）。

　　A. 钻孔桩基础　　　　　　　B. 沉桩基础

　　C. 挤密桩基础　　　　　　　D. 管桩基础

　　E. 挖孔桩基础

13. 沉入桩的下沉方法可根据地质条件、桩型、桩体承载能力、土的密实程度和现场施工条件等选用（　　）。

　　A. 锤击法　　　　　　　　　B. 振动法

　　C. 静压法　　　　　　　　　D. 冲抓法

　　E. 射水配合施工

14. 下列沉桩施工工序中，属于"安装导向、起吊和沉桩机具"工序后进行的有（　　）。

　　A. 桩位放样　　　　　　　　B. 运、吊、插桩

　　C. 振动沉桩　　　　　　　　D. 接桩

　　E. 沉桩检验

15. 关于锤击沉桩施工要求的说法，正确的有（　　）。

　　A. 锤击沉桩应重锤低击，不应采用大能量锤击沉桩

　　B. 坠锤落距不宜大于3m，单打汽锤落距不宜大于2m

　　C. 桩尖距设计高程不大于2m时一般不应采用射水下沉

　　D. 在预计或有迹象进入软土层时，应改用较高落距锤击

　　E. 当落锤高度已达规定最大值和每击贯入度不大于2mm时，应立即停锤

16. 振动沉桩时可用射水配合施工的地层为（　　）。

　　A. 松软的黏性土　　　　　　B. 塑态的黏性土

　　C. 紧密的黏性土　　　　　　D. 较松散的砂土

　　E. 砂质土

17. 旋转钻孔可分为正循环旋转钻孔和反循环旋转钻孔。正循环旋转钻孔适用的地质条件有（　　）。

　　A. 黏性土　　　　　　　　　B. 砂类土

　　C. 卵石　　　　　　　　　　D. 软岩

　　E. 硬岩

18. 关于钻孔桩基础钻孔要求的说法，正确的有（　　）。

　　A. 钻头直径必须保证成孔直径不小于设计桩径

B. 钻孔时，孔内水位宜高于护筒底脚 0.2m 以上
C. 开孔的孔位必须准确并使初成孔壁竖直、圆顺、坚实
D. 钻孔中发生塌孔但不严重时采用加大泥浆比重等措施后继续钻进
E. 钻孔作业应连续进行，因故停钻时，有钻杆的钻机应将钻头提出孔外

19. 冲击钻机施工成孔检查确认钻孔合格后，应立即进行清孔。清孔方法主要有（　　）。
    A. 掏渣法　　　　　　　　B. 换浆法
    C. 吸泥法　　　　　　　　D. 循环法
    E. 浮渣法

20. 关于钻孔桩清孔要求的说法，正确的有（　　）。
    A. 吸泥法适用于正循环旋转钻机清孔
    B. 清孔达标后应立即进行混凝土浇筑
    C. 换浆法适用于正循环旋转钻机清孔
    D. 掏渣法适用于反循环旋转钻机清孔
    E. 采用加大钻孔深度的方式代替清孔

21. 关于钻孔桩水下混凝土灌注施工要求的说法，正确的有（　　）。
    A. 钻孔桩水下混凝土灌注应采用竖向导管法
    B. 首批混凝土灌注后导管埋深应不小于 1.0m
    C. 水下混凝土浇筑用储料斗采用钢制储料斗
    D. 水下混凝土应连续浇筑，中途不得停顿
    E. 灌注标高应与桩顶设计标高相同，不得超出

22. 关于沉井制作要求的说法，正确的有（　　）。
    A. 在浅水中应筑岛制作沉井
    B. 岛面应比施工水位高出 0.5m 以上
    C. 筑岛材料应用透水性较小的黏性土
    D. 在旱地可在整平夯实的地面上制作沉井
    E. 沉井混凝土应沿井壁对称浇筑，并逐层振捣

23. 关于沉井下沉及接高施工要求的说法，正确的有（　　）。
    A. 易涌水翻砂的地层，可采用排水开挖下沉
    B. 在渗水量小的稳定土层中下沉时，应采用吸泥等不排水下沉
    C. 沉井接高前应尽量调平，接高时井顶露出水面不得小于 1.5m
    D. 井内除土应先从中间开始，均匀、对称地逐步向刃脚处挖土
    E. 采用排水下沉的底节沉井，支承位置的土应在分层除土中最后同时挖除

24. 关于墩台施工要求的说法，正确的有（　　）。
    A. 施工前将基础顶面冲洗干净　　B. 模板接缝应严密，不得漏浆
    C. 混凝土基础表面应凿除浮浆　　D. 工作平台应与模板支架连接
    E. 墩台混凝土宜一次连续浇筑

25. 关于爬模施工要点的说法，正确的有（　　）。
    A. 每次浇筑混凝土面距模板顶面不应小于 3cm

B．宜采用塔式起重机或其他提升设备提升

C．模板沿墩身周边方向应始终保持逆向搭接

D．宜采用大块模板施工，模板两侧和下部应设置板翼

E．每套爬模应设置脚手平台、接料平台，吊挂安全网

4.2　桥梁梁部施工

复习要点

1．简支梁施工：包括简支 T 梁预制与架设、简支箱梁预制与架设、箱梁原位造桥方法等施工技术。

2．连续梁、连续刚构施工：包括预应力混凝土连续梁及连续刚构悬臂浇筑、悬臂拼装、顶推法、转体法、支架法等施工技术。

3．钢桁梁施工：包括施工机具的配置、悬臂拼装钢梁、浮运架设钢梁、拖拉法架设钢梁等施工技术。

4．特殊梁型施工：包括钢–混凝土结合梁、拱桥、斜拉桥等施工技术。

5．桥面附属设施：包括桥面附属施工要求，挡砟墙、竖墙、接触网支柱基础、遮板、栏杆、声屏障基础，电缆槽盖板，人行道、避车台、吊篮、围栏、伸缩缝、防落梁挡块等施工技术。

一　单项选择题

1．下列普通钢筋混凝土简支梁预制施工工序中，属于"安装侧模、内模、端头模板"紧后工序的是（　　）。

　　A．台座整平、安装支座预埋板　　B．安装梁体钢筋

　　C．安装桥面钢筋以及预埋件　　D．浇筑混凝土

2．下列后张法预应力混凝土简支梁预制施工工序中，属于"安装桥面钢筋以及预埋件"紧后工序的是（　　）。

　　A．安装外模、端头模板　　B．安装制孔器

　　C．张拉预应力束　　D．浇筑混凝土

3．下列先张法预应力混凝土简支梁预制施工工序中，属于"安装梁体钢筋"紧后工序的是（　　）。

　　A．安装桥面钢筋以及预埋件　　B．安装并张拉预应力束

　　C．安装外模、端头模板　　D．封锚、浇筑梁端混凝土

4．先张法预应力混凝土 T 梁施工，整体张拉和整体放张宜采用自锁式千斤顶，张拉吨位宜为张拉力的（　　）倍，且不得小于（　　）倍。

　　A．1.3，1.2　　B．1.5，1.2

　　C．1.4，1.2　　D．1.6，1.5

5．后张法预应力混凝土 T 梁施工，预应力筋的张拉应以应力控制为主，伸长值作

为校核,顶塞锚固后,测量两端伸长量之和不得超过计算值的( )。

A. ±3% B. ±4%
C. ±5% D. ±6%

6. 后张法预应力混凝土 T 梁施工采用底模联合振动时,应将两侧模板上下振动器位置交错排列。模板应设置( )。

A. 正拱及预留压缩量 B. 反拱及预留压缩量
C. 正拱及预留伸长量 D. 反拱及预留伸长量

7. 下列单梁式架桥机架梁工序中,属于"组立换装门式起重机并换装梁至机动平车"紧后工序的是( )。

A. 机动平车运送梁与主机对位 B. 机动平车运行至桥头工地
C. 机上横移梁或墩顶横移梁 D. 安装支座、落梁就位

8. 下列双梁式架桥机架梁工序中,属于"支机身两侧支腿"紧后工序的是( )。

A. 机车推梁车或机动平车运梁至主机对位
B. 立零号柱、中柱和后龙门柱
C. 臂升高后悬臂对位
D. 捆梁、吊梁

9. 下列铺架机架梁工序中,属于"机动平车或机车送梁至桥头与主机联挂"紧后工序的是( )。

A. 编组架梁列车
B. 铺桥面,连接板焊接
C. 拖拉梁、捆梁、吊梁
D. 对位,落梁,移梁就位,安装支座

10. 下列简支箱梁制梁工序中,属于"检查各部分连接"紧后工序的是( )。

A. 蒸汽养护 B. 定位内模
C. 合龙外模 D. 浇筑混凝土

11. 先张法预应力混凝土 T 梁施工时,张拉台座应与张拉各阶段的受力状态相适应,构造应满足施工要求。张拉横梁及锚板应能直接承受预应力筋施加的压力,其受力后的最大挠度不得大于( )mm。

A. 2 B. 5
C. 8 D. 10

12. 关于预制梁制造技术证明书要求的说法,正确的是( )。

A. 一式两份,一份交用户,一份交监理单位
B. 一式两份,一份交用户,一份随同施工原始记录归档
C. 一式两份,一份交监理单位,一份随同施工原始记录归档
D. 一式三份,一份交用户,一份交监理单位,一份随同施工原始记录归档

13. 关于箱梁架设要求的说法,错误的是( )。

A. 架桥机架梁作业时,抗倾覆稳定系数不得小于1.5
B. 预制梁架设后支点处桥面标高误差应在0～−20mm
C. 桥梁支座可在运梁前安装在梁底,随梁一同运输到位

D. 过孔时，起重小车应位于对稳定有利的位置，抗倾覆稳定系数不得小于1.5

14. 架桥机架梁作业时，抗倾覆稳定系数不得小于1.3；过孔时，起重小车应位于对稳定有利的位置，抗倾覆稳定系数不得小于（　　）。

　　A．1.3　　　　　　　　　　B．1.5
　　C．1.8　　　　　　　　　　D．2.5

15. 运梁车装箱梁启动起步应缓慢平稳，严禁突然加速或急刹车。重载运行速度控制在（　　）km/h以内，曲线、坡道地段应严格控制在（　　）km/h以内。

　　A．5，5　　　　　　　　　　B．5，3
　　C．8，5　　　　　　　　　　D．8，3

16. 按照过孔方式移动模架可分为（　　）。

　　A．上行式、下行式　　　　　B．上行式、侧行式
　　C．侧行式、中行式　　　　　D．下行式、中行式

17. 移动模架施工需要在墩台相应部位设置预留孔及埋设预埋件时应征得（　　）同意。

　　A．建设单位　　　　　　　　B．咨询单位
　　C．监理单位　　　　　　　　D．设计单位

18. 移动模架应具有足够的强度、刚度和稳定性。主梁挠度不应大于$L/550$（L为主梁支撑跨度），在各种工况下稳定系数均不得小于（　　）。

　　A．1.0　　　　　　　　　　B．1.5
　　C．2.0　　　　　　　　　　D．2.5

19. 高速铁路桥梁上部结构形式以常用跨度32m、24m（　　）为主，其中32m箱梁作为主梁型。

　　A．双线后张法预应力混凝土简支箱梁
　　B．单线后张法预应力混凝土简支箱梁
　　C．双线混凝土简支箱梁
　　D．单线混凝土简支箱梁

20. 悬臂浇筑法施工适用于预应力混凝土悬臂梁、连续梁、刚构、斜拉桥等结构，通常每次可浇筑（　　）m长的梁段，每个工序循环约需6~10d。

　　A．1~2　　　　　　　　　　B．2~3
　　C．2~4　　　　　　　　　　D．3~5

21. 下列悬臂浇筑法施工工序中，属于"桥墩两侧悬臂梁段施工"紧后工序的是（　　）。

　　A．合龙段施工
　　B．防水层、桥面工程施工
　　C．边跨非对称梁段施工
　　D．墩顶0号块施工及挂篮安装前梁段施工

22. 悬臂浇筑挂篮现场组拼完成投入使用前，应全面检查安装质量，并应进行走行性能试验和静载试验，预压荷载为最大施工荷载的（　　）倍。

　　A．1.1　　　　　　　　　　B．1.2

C. 1.3   D. 1.4

23. 连续梁悬臂浇筑应尽量避开冬期施工。如必须进行冬期施工，除应符合现行规范相关规定外，还应采取有效措施，保证压浆过程中及压浆后（　　）d 内，梁体温度不低于（　　）℃。

    A. 3，5   B. 3，7
    C. 5，5   D. 5，7

24. 铁路大跨度混凝土连续梁主要采用（　　）和顶推法施工。

    A. 悬臂灌注法   B. 膺架法
    C. 悬拼法   D. 拖拉法

25. 连续梁、连续刚构预应力筋张拉，纵向预应力筋应两端同步且左右对称张拉，最大不平衡束不得超过 1 束。张拉顺序应为（　　），从外向内左右对称进行。

    A. 先顶板再腹板后底板   B. 先顶板再底板后腹板
    C. 先腹板再底板后顶板   D. 先腹板再顶板后底板

26. 全悬臂拼装钢梁时，组拼工作由桥孔一端悬拼到另一端，为减少悬臂长度，通常在另一侧桥墩旁边设置附着式托架。此种方法适用于（　　）。

    A. 陆地架设桥梁
    B. 季节性河流上架设桥梁
    C. 浅河、缓流、河中易于设置临时支墩的桥梁
    D. 河深、流急、河中不易设置临时支墩的桥梁

27. 采用墩旁托架进行悬臂拼装施工，墩旁托架除承受由钢梁作用的垂直力乘以超载系数 1.3 外，并考虑由钢梁传来的（　　）。

    A. 纵向风力   B. 横向风力
    C. 施工荷载   D. 移动荷载

28. 钢梁浮运架设时，在岸边建两座与河道垂直并伸入河中的码头，将钢梁沿码头横移至码头端部，浮船驶入两码头间，托起钢梁，浮运就位，这种架设方法是（　　）。

    A. 纵移浮运   B. 浮拖法
    C. 横移浮运   D. 半浮运、半横移

29. 拖拉架梁一般用于（　　）钢梁的架设，就施工方法上大体可分为纵拖和横移两类。

    A. 小跨度   B. 中等跨度
    C. 大跨度   D. 超大跨度

30. 下列拖拉架梁的施工工序中，属于"钢梁拖拉、纠偏"紧后工序的是（　　）。

    A. 钢梁就位   B. 顶梁
    C. 安装支座   D. 落梁就位

31. 拖拉架设钢梁时，若设置两种坡度，其变坡不宜大于（　　）。

    A. 2‰   B. 3‰
    C. 4‰   D. 5‰

32. 悬臂安装采用水上吊船施工时，吊船停泊位置应在桥中线下游，必须具有可

靠的（　　）。

　　A．牵引设备　　　　　　　　B．锚碇设备
　　C．牵引船只　　　　　　　　D．定位桩

33．下列钢－混凝土简支结合梁施工工序中，属于"钢筋绑扎、预埋件安装"紧后工序的是（　　）。

　　A．钢梁制作　　　　　　　　B．侧、端模安装
　　C．钢梁吊装　　　　　　　　D．桥面板底模板安装

34．下列钢－混凝土连续结合梁施工工序中，属于"浇筑正弯矩区段混凝土"紧后工序的是（　　）。

　　A．安装桥面板模板　　　　　B．焊接剪力连接器
　　C．安装钢筋、预埋件　　　　D．顶起中间支点钢梁

35．钢－混凝土结合梁钢梁吊装施工，使用两台起重机吊装钢梁时，应设专人指挥，钢梁两端应同步起落，两端高差不得大于（　　）cm。

　　A．30　　　　　　　　　　　B．40
　　C．50　　　　　　　　　　　D．60

36．组合体系式拱桥的主要承重结构由（　　）组成。

　　A．拱和柱　　　　　　　　　B．梁和柱
　　C．拱和梁　　　　　　　　　D．塔和索

37．具有桥面系构造简单、拱圈与墩台的宽度较小、桥上视野开阔、施工方便等优点的拱桥形式是（　　）。

　　A．上承式拱桥　　　　　　　B．中承式拱桥
　　C．下承式拱桥　　　　　　　D．空腹式拱桥

38．索塔的施工可视其结构、体形、材料、施工设备和设计要求综合考虑，选用适合的方法。横梁较多的高塔，宜采用（　　）施工。

　　A．爬模法　　　　　　　　　B．翻模法
　　C．滑模法　　　　　　　　　D．劲性骨架挂模提升法

39．预应力混凝土悬臂梁、连续梁、刚构、斜拉桥等结构都可采用（　　）施工方法。

　　A．顶推法　　　　　　　　　B．拖拉法
　　C．悬浇法　　　　　　　　　D．浮运法

40．预制梁均应设置桥牌，桥牌应标明：跨度、活载等级、设计图号、梁号、（　　）、许可证编号等。

　　A．梁体材料、制造厂家、制造年月
　　B．梁体材料、制造方法、出厂年月
　　C．梁体重量、制造厂家、制造年月
　　D．梁体重量、制造方法、出厂年月

41．预制梁在制梁场内运输、起落梁和出场装运、落梁均应采用联动液压装置或三点平面支撑方式，运输和存梁时均应保证每支点实际反力与四个支点的反力平均值相差（　　）。

　　A．不超过±10%或四个支点不平整量不大于2mm

B．不超过 ±20% 或四个支点不平整量不大于 2mm

C．不超过 ±10% 或四个支点不平整量不大于 5mm

D．不超过 ±20% 或四个支点不平整量不大于 5mm

二、多项选择题

1. 关于先张法预应力混凝土 T 梁施工要点的说法，正确的有（　　）。
   A．张拉千斤顶校正有效期为一个月且不超过 200 次张拉作业
   B．张拉千斤顶在张拉前必须经过校正，校正系数不得大于 1.1
   C．先张法预应力混凝土简支梁应采用整拉整放或单拉整放工艺制作
   D．整体张拉和整体放张宜采用自锁式千斤顶，张拉吨位宜为张拉力的 1.2 倍
   E．侧模和底模长度应增加预留量，其值应考虑梁体弹性模量、上拱、松弛等影响

2. 关于后张法预应力混凝土 T 梁施工要点的说法，正确的有（　　）。
   A．模板应设置反拱及预留压缩量
   B．预应力筋的张拉应以伸长值为主，应力控制作为校核
   C．顶塞锚固后，测量两端伸长量之和不得超过计算值 ±6%
   D．采用底模联合振动时，应将两侧模板上下振动器位置交错排列
   E．当梁体混凝土强度及相应的弹性模量达到设计要求后，方可施加预应力

3. 预制梁均应设置桥牌，桥牌上标明的内容有：跨度、梁号、（　　）、许可证编号等。
   A．设计图号　　　　　　　　B．制造厂家
   C．梁体重量　　　　　　　　D．动载等级
   E．制造年月

4. 关于箱梁架设基本要求的说法，正确的有（　　）。
   A．架桥机架梁作业时，抗倾覆稳定系数不得小于 1.3
   B．预制梁架设后支点处桥面标高误差应在 0～−20mm
   C．桥梁支座可在运梁前安装在梁底，随梁一同运输到位
   D．架桥机架梁前，应编制施工组织设计、施工工艺和安全操作细则
   E．过孔时，起重小车应位于对稳定有利的位置，抗倾覆稳定系数不得小于 1.3

5. 关于运梁车对线路要求的说法，正确的有（　　）。
   A．清除走行界限内障碍物
   B．在平交道口设置专人防护
   C．运梁车允许半径不小于最小曲率半径
   D．运梁线路填筑要达到路基质量要求
   E．纵向坡度不大于 3%，横向坡度（人字坡）不大于 4%

6. 支架法制梁可根据现场施工条件选择（　　）方法施工。
   A．原位浇筑　　　　　　　　B．端位浇筑
   C．低位浇筑　　　　　　　　D．旁位浇筑

E．高位浇筑

7．关于支架预压的说法，正确的有（　　）。
    A．预压荷载应不小于最大施工荷载的1.05倍
    B．预压卸载时间以支架地基沉降变形稳定为原则确定
    C．预压加载可按最大施工荷载的60%、100%、110%分三次加载
    D．预压的目的是检验结构的承载能力和稳定性，消除其弹性变形
    E．最后两次沉落量观测平均值之差不大于2mm时，即可终止预压卸载

8．关于移动模架制梁的说法，正确的有（　　）。
    A．移动模架主梁在各种工况下稳定系数均不得小于1.5
    B．移动模架施工需要在墩台相应部位设置预留孔时应征得监理单位同意
    C．首次预压荷载应为最大施工荷载的1.2倍，再次安装预压荷载应为1.1倍
    D．风力大于6级时不得进行移动模架施工，所有支腿均应处于锚固和锁定状态
    E．采用移动模架制梁，两端桥台支承垫石以上部分宜安排在首、尾孔桥梁制完，且移动模架移开后再行施工

9．下列起重设备中，属于钢梁悬臂拼装选用的有（　　）。
    A．龙门起重机   B．轨道起重机
    C．东风型拼梁起重机   D．DK型双臂拼梁起重机
    E．浮船起重机或缆索起重机

10．关于浮运架设钢梁施工要点的说法，正确的有（　　）。
    A．船体最大吃水深时，船底应高于河床600mm
    B．浮船进入桥孔时，钢梁底面应高于支座顶面20～30cm
    C．浮运工作宜在风力不大于6级、流速不大于设计值时进行
    D．浮船退出桥孔时，浮船上塔架顶面应低于梁底10～30cm（加算风浪影响后）
    E．浮船的隔舱应做水压试验，对船体加固部位应全面检查，确认合格后方可使用

11．钢-混凝土结合梁钢梁制造厂家应提供的资料包括（　　）等。
    A．产品合格证   B．工地安装螺栓表及拼装简图
    C．钢梁制造规则   D．杆件发送表及包装清单
    E．钢梁拼装记录

12．钢-混凝土结合梁安装前，应对（　　）进行复测。
    A．桥梁中线   B．支承垫石高程
    C．墩身中线   D．承台顶面高程
    E．各孔跨径

13．斜拉桥拉索在索面内的布置形式主要有（　　）。
    A．辐射形   B．扇形
    C．圆端形   D．星形
    E．竖琴形

14．斜塔柱施工时，必须对各施工阶段塔柱的强度和变形进行计算，应分高度设

置横撑,使其( )满足设计要求并保证施工安全。

　　A．强度　　　　　　　　B．倾斜度
　　C．线形　　　　　　　　D．垂直度
　　E．应力

15．斜拉桥主梁施工方法大体上可分为( )。

　　A．平转法　　　　　　　B．顶推法
　　C．支架法　　　　　　　D．悬臂法
　　E．移动模架法

16．斜拉桥的零号段是梁的起始段,一般都在支架和托架上浇筑。支架和托架的变形将直接影响主梁的施工质量。在零号段浇筑前,应消除支架的( )。

　　A．温度变形　　　　　　B．支承变形
　　C．弹性变形　　　　　　D．湿度变形
　　E．非弹性变形

17．属于要停止顶推法施工作业的现象有( )。

　　A．梁段偏离较大　　　　B．导梁杆件变形
　　C．牵引拉杆变形　　　　D．预应力筋锚具未压浆
　　E．导梁与梁体连接有松动

18．在铁路桥梁施工中,悬臂灌注法适用于( )等结构。

　　A．简支梁　　　　　　　B．连续梁
　　C．刚构　　　　　　　　D．斜拉桥
　　E．拱桥

19．钢桁梁的主要施工方法有( )。

　　A．平转法　　　　　　　B．拖拉法
　　C．悬灌法　　　　　　　D．浮运法
　　E．悬拼法

20．钢梁悬臂拼装方法主要有( )。

　　A．全悬臂拼装　　　　　B．半悬臂拼装
　　C．平衡悬臂拼装　　　　D．中间合龙悬臂拼装
　　E．两侧对称悬臂拼装

21．移动模架也称移动造桥机,是一种自带模板可在桥跨间自行移位,逐跨完成混凝土箱梁施工的大型造梁设备。按照过孔方式不同,移动模架分为( )。

　　A．前行式　　　　　　　B．上行式
　　C．下行式　　　　　　　D．复合式
　　E．多跨式

22．浮运架设钢梁的方法有( )。

　　A．浮拖法　　　　　　　B．横移浮运
　　C．纵移浮运　　　　　　D．半浮运、半横移
　　E．半浮运、半纵移

4.3 涵洞施工

复习要点

1. 框架桥（涵）施工：包括框架桥（涵）施工流程、现浇钢筋混凝土框架桥（涵）施工要求、拼装式钢筋混凝土框架涵施工要求等内容。

2. 盖板涵施工：包括盖板涵施工流程、涵身及盖板现场浇筑施工要求、预制盖板及安装施工要求等内容。

3. 圆涵施工：包括圆形涵洞分类、圆涵施工流程、钢筋混凝土圆管制作要求、钢筋混凝土圆管涵施工要求、安装管节要求等内容。

一 单项选择题

1. 下列框架桥（涵）施工工序中，属于"绑扎墙身及顶板钢筋"紧后工序的是（　　）。
   A．内模安装　　　　　　　　B．基坑开挖底板及下梗肋施工
   C．铺设防水层　　　　　　　D．外侧模及顶板底模安装

2. 框架桥（涵）身混凝土间施工接缝，周边应设直径不小于 16mm 的钢筋，钢筋埋入深度和露出长度均不应小于钢筋直径的（　　）倍，间距不应大于（　　）cm（设计有连接或护面钢筋时可不另设）。
   A．10，15　　　　　　　　　B．15，20
   C．10，20　　　　　　　　　D．15，30

3. 下列盖板涵施工工序中，属于"现浇盖板或盖板安装"紧后工序的是（　　）。
   A．模板安装　　　　　　　　B．边墙混凝土施工
   C．防水层、沉降缝施工　　　D．端翼墙及铺砌施工

4. 盖板涵涵身及盖板混凝土（含砌体）达到设计强度的（　　）后可拆除支架，达到设计强度的（　　）方可进行涵顶填土。
   A．50%，75%　　　　　　　B．50%，100%
   C．75%，75%　　　　　　　D．75%，100%

5. 下列圆涵施工工序中，属于"管节安装"紧后工序的是（　　）。
   A．基础施工　　　　　　　　B．管座施工
   C．基坑开挖　　　　　　　　D．缺口回填

二 多项选择题

1. 关于现浇钢筋混凝土框架桥（涵）施工要求的说法，正确的有（　　）。
   A．经凿毛处理的混凝土面应用水冲洗干净
   B．人工凿毛时，混凝土强度应不小于 5MPa
   C．接缝面凿毛应在距混凝土外缘 2～3cm 以内进行

D．风动机等机械凿毛时，混凝土强度应不小于 7.5MPa
E．涵身混凝土浇筑可分两阶段施工，先浇筑底板，再施工中、边墙及顶板

2. 关于预制盖板及安装施工要求的说法，正确的有（　　）。
   A．预制盖板的宽度，应按起重设备和运输能力确定
   B．吊装孔或吊装环的位置和吊环钢筋应符合设计要求
   C．安装前应检验成品和涵身与安装有关部位的质量
   D．预制盖板的混凝土强度达到设计强度的 75% 后方可吊运和安装
   E．安装结合面应用设计要求强度等级的水泥砂浆将接缝填满、塞实后抹平表面

3. 关于钢筋混凝土圆管涵安装管节要求的说法，正确的有（　　）。
   A．无基涵安装管节时，应保持管座形状完整
   B．管节安装定位后，管节两侧应用碎石填实
   C．平口管接口宽度应为 1.0～2.0cm，表面应平直
   D．所有接口不得有间断、裂隙、空鼓、漏水等现象
   E．管座范围内基础顶面应清洗干净，不得有泥土等杂物

4.4 营业线桥涵施工

复习要点

1．营业线桥涵施工防护：包括营业线增建二线桥施工防护措施、既有线桥涵顶进施工的防护等内容。

2．营业线桥涵施工方法：包括营业线改建桥涵施工、营业线增建桥涵施工、桥涵顶进施工等施工技术。

一、单项选择题

1. 关于营业线增建二线桥采用防护措施的说法，错误的是（　　）。
   A．路堤高 3～6m 时，可用木板桩挡土
   B．路堤高度在 3m 以下时，可在台尾路堤中打入圆木排桩挡土
   C．两线间距在 4.5m 以上而路堤又高于 6m 时，开挖基坑可采用插板挡土
   D．路堤在 6m 以上时，可在桥台后用吊轨、扣轨或工字钢等架设便桥办法

2. 桥涵身孔径小于 3m，处于直线地段，路基土质较好的线路加固宜采用的方法是（　　）。
   A．吊轨法　　　　　　　　　　B．吊轨纵横梁法
   C．钢便梁法　　　　　　　　　D．轨束梁法

3. 适用于桥涵孔径较大、箱顶无覆盖土的线路加固方式是（　　）。
   A．吊轨法　　　　　　　　　　B．吊轨纵横梁法
   C．钢便梁法　　　　　　　　　D．轨束梁法

4. 下列钢梁便桥增建桥涵施工工序中，属于"封锁线路、移出钢梁"紧后工序的是（　　）。

　　A．开挖基坑断面、施工桥涵

　　B．封闭线路、横移架设钢梁

　　C．搭设枕木垛、确保车辆畅通

　　D．开挖钢梁支座基坑、安装支座枕木垛

5. 下列用拆装梁增建桥梁施工工序中，属于"施工正桥基础"紧后工序的是（　　）。

　　A．封锁线路　　　　　　　　B．拼装拆装梁

　　C．安装下担梁　　　　　　　D．拆除拆装梁

6. 下列用沉井抬梁法修建盖板箱涵施工工序中，属于"修建箱涵入口八字墙"紧后工序的是（　　）。

　　A．现浇盖板　　　　　　　　B．安装横向抬轨梁

　　C．开挖基坑　　　　　　　　D．安装纵向抬轨梁

7. 下列框架桥涵顶进施工工序中，属于"框架桥涵预制"紧后工序的是（　　）。

　　A．滑板、后背施工　　　　　B．挖土顶进

　　C．框架桥涵就位　　　　　　D．线路加固、安装顶进设备

8. 营业线桥梁墩台加高施工中，加高量小于（　　）cm 时，可利用托盘加高。

　　A．5　　　　　　　　　　　　B．10

　　C．15　　　　　　　　　　　 D．20

9. 营业线以轨束梁便桥增建小桥，当桥址填土（　　）时，可采用排架枕木垛轨束梁。

　　A．在 4m 以内，土质一般，无地下水，小桥跨度在 6m 以下

　　B．在 4m 以内，土质一般，无地下水，小桥跨度在 12m 以下

　　C．在 8m 以内，土质一般，无地下水，小桥跨度在 6m 以下

　　D．在 8m 以内，土质一般，无地下水，小桥跨度在 12m 以下

10. 营业线桥涵顶进施工中，吊轨纵横梁法最适用于加固位于（　　）的路段。

　　A．桥涵孔径较小直线地段　　B．桥涵孔径较大，箱顶无覆盖土

　　C．桥涵孔径较大，箱顶有覆盖土　　D．桥涵孔径较小，与线路正交

11. 营业线桥梁墩台加高方法中，垫高支座是利用行车空隙或封锁时间，将桥梁连同支座顶起至设计标高，在支座下设 U 形模板，由开口一侧填塞（　　），充分捣实达到需要强度后恢复通车。

　　A．高坍落度混凝土　　　　　B．高坍落度砂浆

　　C．低坍落度混凝土　　　　　D．低坍落度砂浆

二 多项选择题

1. 关于营业线增建二线桥施工防护措施的说法，正确的有（　　）。

　　A．路堤高 3~6m 时，可用木板桩挡土

B．路堤高度在 3m 以下，可在台尾路堤中打入圆木排桩挡土

C．排桩平面连线与路基中心线成 45°，桩顶高出路基坡面约 0.2m

D．两线间距在 4.5m 以上而路堤又高于 6m 时，开挖基坑可采用插板防护

E．路堤在 6m 以上时，可在桥台后用吊轨、扣轨或工字钢等架设便桥办法

2. 关于吊轨法、吊轨纵横梁法加固线路施工要求的说法，正确的有（　　）。

　　A．控制列车运行速度在设计规定限速之内

　　B．铺设吊轨时，应将加固段的混凝土轨枕换成木枕

　　C．抬轨梁体系施工时应严格按照设计顺序抽换枕木、安装抬轨梁

　　D．加固范围应大于框架涵（桥）的斜长＋1.5×框架涵（桥）高度（m）

　　E．对既有线路设备进行拆换、加固和起拨道时，应事先和设计部门联系

3. 营业线桥梁墩台加高的方法有（　　）。

　　A．用低坍落度砂浆垫高支座　　B．用低坍落度混凝土垫高支座

　　C．用抬梁法加高混凝土支座　　D．用抬墩法加高混凝土支座

　　E．桥台托盘加高的施工方法

4. 圆形涵洞在顶进过程中，当遇到（　　）时应停止顶进。

　　A．顶管前方发生塌方或遇到障碍

　　B．后背倾斜或严重变形

　　C．顶柱发生扭曲现象

　　D．管位有偏差但在允许范围内

　　E．顶力超过管口允许承受能力而发生损伤

5. 营业线增建桥涵的施工方法有（　　）。

　　A．以轨束梁便桥增建小桥　　B．以轨束梁便桥增建盖板箱涵

　　C．以钢梁便桥增建桥涵　　D．用拆装梁增建桥梁

　　E．用沉井抬梁法修建盖板箱涵

6. 关于营业线施工以轨束梁便桥增建小桥的说法，正确的有（　　）。

　　A．当小桥跨度在 12m 以下时，可采用排架枕木垛轨束梁

　　B．当填土厚度在 3m 以下，不易坍塌时可采用排架轨束梁

　　C．当填土厚度在 3m 以内且土质较差时，抬轨可用轨束梁

　　D．当填土厚度为 6m，正桥跨度大时采用密排枕木轨束梁

　　E．当行车密度大、正桥跨度较小时，可采用吊轨梁法施工

7. 桥涵顶进施工方法有：一次顶入法、对顶法、中继间法、对拉法、解体顶进法、开槽顶入法、斜交桥涵顶进、多箱分次顶进、在厚覆土内顶进、顶拉法、牵引法等。其施工的共同点有（　　）。

　　A．在坑底浇筑钢筋混凝土底板　　B．在桥址路基一侧设置工作坑

　　C．底板上预制钢筋混凝土箱身　　D．在箱身后端两侧墙安装刃脚

　　E．顶进前在底板安装滚动滑轮

8. 关于圆形涵洞顶进施工要点的说法，正确的有（　　）。

　　A．涵顶进工作坑应按设计要求放坡，无放坡条件的宜采用竖井

　　B．后背土体壁面应平整，并与管道顶进方向垂直

C. 顶进前全部设备经过检查并经过试运转

D. 顶程大于 35m 时宜采用装配式后背墙

E. 人工掘进应将地下水位降至管底 0.2m 以下

9. 关于框架式涵洞顶进施工要点的说法，正确的有（　　）。

A. 每次顶进前应检查液压系统、顶柱（铁）安装和后背变化情况等

B. 挖运土方和顶进作业应循环交替作业

C. 采用中继间法施工时，滑板宜设置为斜坡

D. 后背梁与桩间空隙应当用混凝土填满挤实

E. 每前进一顶程，即切换油路，并将千斤顶活塞拉回复原，补放小顶铁，更换长顶铁，安装横梁

10. 吊轨纵横梁法加固线路施工要求有（　　）。

A. 铺设吊轨时，应将加固段的混凝土轨枕换成木枕

B. 加固范围应大于框架涵（桥）的斜长＋1.5×框架涵（桥）高度（m）

C. 曲线上的框架涵（桥）施工时，抬轨梁不用设置超高

D. 对营业线加固，应按照批准的方案进行

E. 施工中应采取纠偏和抬头扎头的技术措施，防止对营业线行车造成影响

【参考答案】

【4.1 参考答案】

一、单项选择题

1. D；　2. C；　3. D；　4. B；　5. A；　6. A；　7. D；　8. C；
9. D；　10. B；　11. D；　12. B；　13. B；　14. C；　15. D；　16. C；
17. A；　18. B；　19. A；　20. D；　21. A；　22. A；　23. A；　24. C；
25. C；　26. D；　27. B；　28. A；　29. A；　30. B；　31. D；　32. A；
33. C；　34. D；　35. B

二、多项选择题

1. C、D、E；　　2. A、D、E；　　3. A、B、D、E；　　4. A、B、C、E；
5. B、C、E；　　6. B、D、E；　　7. A、B、E；　　8. B、C；
9. A、B、E；　　10. A、C、E；　　11. A、B、C、D；　　12. A、B、D、E；
13. A、B、C、E；　14. B、C、D、E；　15. A、C、E；　　16. C、E；
17. A、B、D；　　18. A、D；　　19. B、D；　　20. C、D；
21. A、B、C、D；　22. A、B、D、E；　23. C、D、E；　　24. A、B、C、E；
25. B、D、E

【4.2 参考答案】

一、单项选择题

1. C；　2. D；　3. C；　4. B；　5. D；　6. B；　7. A；　8. B；
9. C；　10. D；　11. A；　12. B；　13. A；　14. B；　15. B；　16. A；
17. D；　18. B；　19. A；　20. D；　21. C；　22. B；　23. A；　24. A；

25. D; 26. D; 27. B; 28. C; 29. B; 30. A; 31. A; 32. B;
33. B; 34. D; 35. A; 36. C; 37. A; 38. D; 39. C; 40. C;
41. A

二、多项选择题

1. A、C、E; 2. A、C、D、E; 3. A、B、C、E; 4. A、B、C、D;
5. A、B、D、E; 6. A、D、E; 7. B、C、E; 8. A、C、D、E;
9. C、D、E; 10. A、B、D、E; 11. A、B、C、D; 12. A、B、E;
13. A、B、E; 14. B、C、E; 15. A、B、C、D; 16. A、B、C、E;
17. A、B、C、E; 18. B、C、D; 19. B、D、E; 20. A、B、C、D;
21. B、C; 22. A、B、C、D

【4.3 参考答案】

一、单项选择题

1. D; 2. B; 3. C; 4. D; 5. B

二、多项选择题

1. A、C、E; 2. A、B、C、E; 3. A、C、D、E

【4.4 参考答案】

一、单项选择题

1. C; 2. A; 3. B; 4. C; 5. A; 6. B; 7. D; 8. D;
9. A; 10. B; 11. D

二、多项选择题

1. A、B、C、E; 2. A、B、C、D; 3. A、C、E; 4. A、B、C、E;
5. A、C、D、E; 6. B、C、E; 7. A、B、C; 8. A、B;
9. A、B、E; 10. A、B、D、E

第5章 铁路隧道工程

5.1 隧道围岩分级与施工方法

复习要点

1. **隧道围岩分级**：包括铁路隧道围岩分级目的、铁路隧道围岩分级因素及其确定方法、铁路隧道围岩分级、隧道围岩分级修正等知识点。

2. **隧道施工方法**：包括钻爆法、掘进机（TBM）法、盾构法、明挖法等。

一、单项选择题

1. 围岩条件以岩石为主的长及特长隧道，施工速度快，作业人员少的开挖方法是（　　）。
   A. 钻爆法　　　　　　　　B. 沉管法
   C. 明挖法　　　　　　　　D. 掘进机法

2. 根据铁路隧道岩石坚硬程度划分标准，某岩体锤击声较清脆，有轻微回弹，稍振手，较难击碎；浸水后，有轻微吸水反应。据此可判定该岩石类别为（　　）。
   A. 极硬岩　　　　　　　　B. 硬岩
   C. 较软岩　　　　　　　　D. 软岩

3. 根据铁路隧道岩性类型划分标准，下列岩石中，属于 B 类岩性的是（　　）。
   A. 闪长岩　　　　　　　　B. 安山岩
   C. 石灰岩　　　　　　　　D. 大理岩

4. 根据铁路隧道岩石风化程度划分标准，某隧道岩体风化特征为岩石结构构造部分破坏，矿物成分和色泽较明显变化，裂隙面风化较剧烈，据此可判定该岩石风化程度为（　　）。
   A. 微风化　　　　　　　　B. 强风化
   C. 全风化　　　　　　　　D. 弱风化

5. 根据铁路隧道岩石结构面结构程度划分标准，某隧道岩体结构面特征为张开度小于 1mm，结构面平直，钙泥质胶结或无充填物，据此可判定该岩石结合程度为（　　）。
   A. 结合好　　　　　　　　B. 结合一般
   C. 结合差　　　　　　　　D. 结合很差

6. 根据铁路隧道岩石层状岩层厚度划分标准，某隧道岩体单层厚度为大于 0.1m，且小于等于 0.5m，据此可判定该岩石层状岩层厚度为（　　）。
   A. 巨厚层　　　　　　　　B. 厚层
   C. 中厚层　　　　　　　　D. 薄层

7. 按照铁路隧道围岩分级判定标准，下列围岩状态中，属于Ⅱ级围岩判定特征的是（   ）。

  A．极硬岩，岩体完整   B．硬岩，岩体完整

  C．较软岩，岩体完整   D．软岩，岩体完整

 8．在隧道围岩基本分级的基础上，结合隧道工程的特点，对围岩级别进行修正时不需要考虑的因素是（   ）。

  A．地下水出水状态   B．初始地应力状态

  C．开挖前稳定状态   D．结构面产状状态

 9．适用于各种地质条件和地下水条件，且具有适合各种断面形式和变化断面的高灵活性的开挖方法是（   ）。

  A．钻爆法   B．盾构法

  C．掘进机法   D．沉管法

二、多项选择题

 1．判定铁路隧道围岩基本分级的因素有（   ）。

  A．围岩的特性   B．岩石坚硬程度

  C．开挖后稳定状态   D．隧道断面形式

  E．岩体完整程度

 2．根据岩石坚硬程度划分标准，下列代表性岩石中，属于较软岩的有（   ）。

  A．微风化的 A 类岩石   B．强风化的 A 类岩石

  C．弱风化的 B 类岩石   D．弱风化的 D 类岩石

  E．微风化的 E 类岩石

 3．根据岩性类型划分标准，下列代表岩性中，属于 A 类岩石的有（   ）。

  A．花岗岩   B．正长岩

  C．玄武岩   D．大理岩

  E．石英岩

 4．根据岩石风化程度划分标准，下列岩石风化特征中，属于弱风化岩石的有（   ）。

  A．裂隙面风化较剧烈   B．铁镁矿物已风化蚀变

  C．岩石结构构造部分破坏   D．岩石结构构造大部分破坏

  E．矿物成分和色泽较明显变化

 5．根据铁路隧道岩石基本分级划分标准，下列岩石特征中，属于Ⅱ级围岩的有（   ）。

  A．硬岩，岩体完整   B．极硬岩，岩体完整

  C．较软岩，岩体完整   D．极硬岩，岩体较破碎

  E．极硬岩，岩体较完整

 6．铁路隧道围岩级别应在围岩基本分级的基础上，结合隧道工程的特点，进行围岩级别修正的因素有（   ）。

  A．岩体整体性状态   B．地下水出水状态

C．初始地应力状态　　　　D．结构面产状状态
E．开挖前稳定状态

7．隧道采用钻爆法施工时，视围岩级别及断面大小等因素宜优先选用的施工方法有（　　）。

A．全断面法　　　　　　　B．分部开挖法
C．中隔壁法　　　　　　　D．双侧壁导坑法
E．台阶法

5.2　隧道超前地质预报与监控量测

复习要点

1．超前地质预报：包括隧道超前地质预报目的、超前地质预报主要内容和工作程序、地质复杂隧道超前地质预报实施细则、参建各方在超前地质预报工作中职责与分工、超前地质预报常用方法及内容、超前地质预报长度划分和预报方法选择等知识点。

2．监控量测：包括围岩监控量测目的和方法、围岩监控量测项目、施工中进行洞内外观察、监控量测等知识点。

一　单项选择题

1．超前地质预报中不良地质重点预报内容为（　　）。

A．富水断层　　　　　　　B．破碎地层
C．特殊岩土　　　　　　　D．高地应力

2．下列超前地质预报工作程序中，属于"编制超前地质预报实施大纲"紧后工作的是（　　）。

A．超前地质预报设计　　　B．超前地质预报实施
C．地质综合分析　　　　　D．隧道内地质调查

3．隧道超前地质预报实施大纲审批单位为（　　）。

A．建设单位　　　　　　　B．设计单位
C．监理单位　　　　　　　D．咨询单位

4．施工图阶段经评估为高风险和极高风险的软弱围岩及不良地质隧道，超前地质预报的责任主体为（　　），其超前地质预报工作由（　　）负责组织实施。

A．建设单位，施工单位　　B．设计单位，设计单位
C．监理单位，施工单位　　D．施工单位，施工单位

5．洞内地质素描的地质预报方法为（　　）。

A．地质调查法　　　　　　B．钻探法
C．超前导坑预报法　　　　D．物探法

6．关于监控量测目的的说法，错误的是（　　）。

A．提供有关围岩稳定性信息　　B．监控工程对周围环境的影响

C. 确定初期支护施作时间　　　D. 积累量测数据

7. 对不良地质隧道，下列围岩监控量测项目中，属于必测项目的是（　　）。
   A. 围岩压力　　　　　　　　B. 隧底隆起
   C. 锚杆轴力　　　　　　　　D. 拱脚下沉

8. 下列隧道施工洞内外观察项目中，属于洞外观察项目的是（　　）。
   A. 开挖工作面的岩层稳定情况　B. 边坡及仰坡稳定状态
   C. 初期支护的稳定状态　　　　D. 二次衬砌的稳定状态

9. 洞内拱顶下沉测点和净空变化测点应布置在同一断面上，并要求埋设的最迟时间为开挖后的（　　）h内。
   A. 3　　　　　　　　　　　　B. 6
   C. 12　　　　　　　　　　　 D. 18

10. Ⅳ级围岩隧道监控量测断面及测点布置间距要求为（　　）m。
    A. 5～10　　　　　　　　　 B. 10～30
    C. 30～50　　　　　　　　　D. 50～70

11. 隧道监控量测频率按位移速度确定时，当位移速度为≥5mm/d，则监控量测频率应为（　　）。
    A. 2次/d　　　　　　　　　 B. 1次/(2～3d)
    C. 1次/d　　　　　　　　　 D. 1次/7d

12. 隧道施工中，当拱顶下沉、水平收敛速率达（　　）mm/d或位移累计达（　　）mm时，应暂停掘进，并及时分析原因，采取处理措施。
    A. 5，50　　　　　　　　　 B. 10，50
    C. 5，100　　　　　　　　　D. 10，100

13. 某单线隧道位于弱风化泥质砂岩中，按台阶法施工，施工中发现上台阶拱脚收敛值超标，宜采取的措施为（　　）。
    A. 施作临时仰拱　　　　　　B. 施作超前管棚
    C. 施作临时竖撑　　　　　　D. 反压核心土

二、多项选择题

1. 隧道施工开展超前地质预报的目的有（　　）。
   A. 指导工程施工顺利进行
   B. 为优化工程设计提供地质依据
   C. 为编制施工图预算提供地质资料
   D. 降低地质灾害发生概率和危害程度
   E. 进一步查清开挖工作面前方工程地质条件

2. 下列地质条件中，属于不良地质的有（　　）。
   A. 溶洞　　　　　　　　　　B. 暗河
   C. 有害气体　　　　　　　　D. 节理密集
   E. 高地应力

3. 关于参建各方在超前地质预报工作中职责与分工的说法,正确的有(　　)。
   A. 勘察设计单位应进行隧道地质复杂程度分级
   B. 建设单位应负责隧道超前地质预报实施大纲审批
   C. 隧道超前地质预报应进行地质复杂程度分级,确定重点预报地段,并应遵循动态设计原则
   D. 施工单位应积极组织或配合实施超前地质预报工作,并纳入实施性施工组织设计和现场施工工序管理
   E. 施工图阶段经评估为高风险和极高风险的软弱围岩及不良地质隧道,超前地质预报的责任主体为施工单位

4. 隧道施工超前地质预报目前常用的方法有(　　)。
   A. 回弹法　　　　　　　　B. 钻探法
   C. 物探法　　　　　　　　D. 地质调查法
   E. 超前导坑预报法

5. 隧道围岩监控量测的目的有(　　)等。
   A. 验证支护结构效果
   B. 确定初期衬砌施作时间
   C. 提供有关围岩稳定性信息
   D. 监控工程对周围环境的影响
   E. 积累量测数据,为以后类似工程提供借鉴

6. 下列隧道监控量测项目中,属于必测项目的有(　　)。
   A. 隧底隆起　　　　　　　B. 衬砌前净空变化
   C. 拱顶下沉　　　　　　　D. 洞内外观察
   E. 围岩压力

7. 下列隧道洞内外观测项目中,属于洞内观测项目的有(　　)。
   A. 初期支护稳定状态　　　B. 开挖工作面的岩层稳定情况
   C. 二次衬砌稳定状态　　　D. 边坡及仰坡稳定状态
   E. 地表水渗透情况

8. 根据监控量测工程安全性综合评价结果,需要变更设计时,应及时进行设计变更。下列工程措施中,属于一般措施的有(　　)。
   A. 地层预处理　　　　　　B. 施作超前锚杆
   C. 调整开挖方法　　　　　D. 稳定开挖工作面
   E. 降低爆破振动影响

5.3　隧道钻爆法施工

复习要点

1. 洞口工程施工:包括基本要求、洞外排水要求、边(仰)坡开挖及防护、明洞施工、洞口段施工、洞门施工等知识点。

2．洞身工程施工：包括钻爆法适用范围和基本要求、钻爆法施工、隧道开挖方法、钻爆法施工需要的基本机具和材料、隧道支护、隧道出渣等知识点。

一 单项选择题

1. 隧道钻爆法施工适用于Ⅰ、Ⅱ级围岩的施工方法是（　　）。
   A．全断面法　　　　　　　　B．台阶法
   C．中隔壁法　　　　　　　　D．双侧壁导坑法

2. 采用中隔壁、双侧壁导坑法施工，临时支撑拆除应在初期支护封闭成环，并通过监控量测确认稳定后进行，一次拆除长度不应超过（　　）m。
   A．10　　　　　　　　　　　B．15
   C．20　　　　　　　　　　　D．25

3. 岩石隧道光面爆破一次开挖进尺不宜大于（　　）m，爆破参数应通过试验确定。
   A．1.5　　　　　　　　　　B．2.5
   C．3.5　　　　　　　　　　D．4.5

4. 隧道爆破应根据地质、水文条件及环境保护要求选择适当的炸药品种和型号，（　　）宜选用高猛度的炸药。
   A．周边眼　　　　　　　　　B．辅助眼
   C．底板眼　　　　　　　　　D．掏槽眼

5. 根据隧道开挖的允许超挖值标准，Ⅱ～Ⅳ级围岩拱部平均线形超挖为（　　）cm。
   A．10　　　　　　　　　　　B．15
   C．20　　　　　　　　　　　D．25

6. 下列隧道开挖方法中，属于双侧壁导坑法开挖的是（　　）。

7. 下列隧道构造及地质条件中，可采用二台阶法施工的是（　　）。
   A．隧道断面较高　　　　　　B．单层台阶断面尺寸较大
   C．围岩地质条件较好　　　　D．掌子面自稳能力较差

8. 隧道预注浆孔深小于6m或地层裂隙较均匀的地层，可采取的注浆形式为（　　）。
   A．全孔一次性注浆　　　　　B．全孔多次性注浆

C. 分段前进式注浆　　　　　D. 后退式分段注浆
9. 关于隧道Ⅴ级软弱围岩地段采用台阶法施工要求的说法，正确的是（　　）。
   A. 围岩循环进尺不宜超过 3.0m
   B. 仰拱一次开挖长度不宜大于 5m
   C. 下台阶循环进尺不宜超过 2 榀钢架设计间距
   D. 上台阶每循环开挖支护进尺不应大于 2 榀钢架间距
10. 铁路山岭隧道开挖最常用的方法是（　　）。
    A. 明挖法　　　　　　　　B. 沉管法
    C. 钻爆法　　　　　　　　D. 盾构法
11. 单口掘进 3km 以上单线隧道宜采用的出渣方式是（　　）。
    A. 有轨运输　　　　　　　B. 无轨运输
    C. 斜井运输　　　　　　　D. 竖井运输

二、多项选择题

1. 关于明洞回填施工要求的说法，正确的有（　　）。
   A. 侧墙回填应对称进行
   B. 夯填超过拱顶 0.5m 以上后方可采用大型机械回填
   C. 石质地层中岩壁与墙背空隙较小时用片石混凝土回填
   D. 拱顶回填应采用小型机械分层进行，分层厚度不大于 0.3m
   E. 明洞回填应加强对防水层及排水系统的保护，不得损坏防水层及排水系统
2. 隧道洞口浅埋段、偏压段的围岩加固方式有（　　）。
   A. 地面预注浆　　　　　　B. 强夯置换
   C. 地表旋喷桩　　　　　　D. 冲击碾压
   E. 长管棚
3. 关于洞门施工要求的说法，正确的有（　　）。
   A. 隧道洞门截、排水设施应与洞门工程同步施工
   B. 隧道洞门拱墙应与洞内相邻拱墙衬砌同时施工
   C. 隧道洞门采用端墙式时，浇筑与回填应从一侧向另一侧顺序进行
   D. 斜切式洞门混凝土达到设计强度后，及时回填边、仰坡超挖部分
   E. 基底承载力应符合设计要求，超挖部分应采用片石混凝土与基础同步浇筑
4. 软弱围岩隧道，初期支护应选用（　　）等措施，以控制围岩及初期支护变形量。
   A. 喷射混凝土　　　　　　B. 锁脚锚管（杆）
   C. 超前锚杆　　　　　　　D. 扩大拱脚
   E. 临时仰拱
5. 隧道开挖应根据（　　）等进行钻爆设计。
   A. 地质条件　　　　　　　B. 开挖断面
   C. 支护形式　　　　　　　D. 钻眼机具

E．掘进循环进尺

6．关于隧道全断面法开挖要求的说法，正确的有（　　）。

A．断面法开挖时，应控制一次同时起爆炸药量

B．Ⅰ、Ⅱ级围岩开挖循环进尺不宜大于 3.5m

C．Ⅲ级围岩开挖循环进尺不宜大于 3.0m

D．Ⅳ级围岩在采取有效超前预加固措施稳定开挖工作面后，若采用全断面法开挖，循环进尺不得大于 3.0m

E．Ⅴ级围岩在采取有效超前预加固措施稳定开挖工作面后，若采用全断面法开挖，循环进尺不得大于 2.0m

7．关于隧道台阶法开挖要求的说法，正确的有（　　）。

A．台阶法施工一般适用于Ⅲ级围岩

B．Ⅳ级软弱围岩上台阶循环进尺不宜超过 2 榀钢架设计间距

C．Ⅴ、Ⅵ级围岩上台阶循环进尺不宜超过 2 榀钢架设计间距

D．隧道断面较高、单层台阶断面尺寸较大时可采用三台阶法

E．当地质条件较差时，为增加掌子面自稳能力，可采用三台阶预留核心土法开挖

8．关于隧道中隔壁法施工要求的说法，正确的有（　　）。

A．开挖循环进尺宜大于初期支护钢架设计间距

B．开挖时，同层左、右两侧沿纵向应错开 10～15m

C．各分部宜采用人工开挖，周边轮廓应圆顺，避免应力集中

D．交叉中隔壁法，临时仰拱宜设为弧形，各部施工应步步成环

E．中隔壁法应先施工隧道一侧，施作中隔壁墙后再施工隧道另一侧

9．关于隧道双侧壁导坑法施工要求的说法，正确的有（　　）。

A．侧壁导坑开挖应超前中部 10～15m

B．开挖循环进尺宜大于初期支护钢架设计间距

C．侧壁导坑、中部开挖应采用短台阶，台阶长度为 3～5m

D．侧壁导坑形状应近似圆形，导坑宽度宜为 1/3 隧道宽度

E．双侧壁导坑法开挖时，应先开挖隧道两侧导坑，再开挖中部剩余部分

10．铁路隧道常用的支护形式为锚喷支护，主要采用锚杆和喷射混凝土、钢筋网片、钢支撑等材料，共同组成支护结构，承受围岩压力，实现（　　）的目的。

A．施工期安全　　　　　　　B．控制围岩过大变形

C．施工期防尘　　　　　　　D．控制模板过大变形

E．施工期防水

11．对于围岩裂隙较多、破碎、富水地质条件，如在洞口地段、断层地段，不良地质隧道应按照设计或经批准方案，进行超前支护，以提高围岩强度、自稳和止水能力。超前支护主要包括（　　）等方式。

A．预注浆　　　　　　　　　B．超前锚杆

C．架设钢架　　　　　　　　D．超前管棚

E．超前小导管

12. 关于隧道管棚施工要求的说法，正确的有（　　）。
    A. 钻进地层易于成孔时，宜用跟管钻进工艺
    B. 洞口管棚一般采用套拱内埋设导向管定位
    C. 管棚单、双序孔的连接丝扣宜错开半个节长
    D. 管棚注浆应将钢管及其周围的空隙充填密实
    E. 管棚注浆前，宜将开挖工作面用喷射混凝土封闭

13. 关于隧道喷射混凝土施工要求的说法，正确的有（　　）。
    A. 喷射作业应分段、自上而下连续进行
    B. 后一层喷射应在前一层混凝土初凝后进行
    C. 初喷混凝土应在开挖后及时进行，厚度不小于4cm
    D. 喷射角度应与受喷面垂直，喷嘴与受喷面距离宜为0.6～1.8m
    E. 喷射机应具有良好的密封性能，输料连续、均匀，宜选择喷射混凝土台车

14. 关于隧道钢筋网施工要求的说法，正确的有（　　）。
    A. 混凝土保护层厚度不得小于2cm
    B. 钢筋网片应按设计网格尺寸在施工现场制作
    C. 钢筋网应在初喷混凝土后铺挂，使其与喷射混凝土形成一体
    D. 钢筋网搭接长度应为1～2个网格，应与其他固定装置连接牢固
    E. 采用双层钢筋网时，第二层钢筋网应在第一层钢筋网被混凝土覆盖后铺设

15. 关于隧道钢架安装要求的说法，正确的有（　　）。
    A. 钢架安装前应清除虚渣及杂物
    B. 钢架应在初喷混凝土终凝后架设
    C. 钢架背后的间隙应用混凝土预制块填充密实
    D. 钢架应与锁脚锚杆焊接牢固，钢架之间应设纵向连接
    E. 在软弱破碎围岩或黄土隧道分部开挖中，宜扩大钢架拱脚

5.4　明挖隧道施工

复习要点

1. **基坑开挖及支护：** 包括基坑开挖、基坑支护技术要求等内容。
2. **结构施工：** 包括衬砌结构、结构防水技术要求等内容。
3. **基坑回填及监测：** 包括基坑回填、基坑监测技术要求等内容。

一　单项选择题

1. 关于明挖隧道基坑开挖要求的说法，正确的是（　　）。
    A. 隧道基坑应保持地下水位在基底1.5m以下
    B. 基坑周边地表设截、排水沟，避免渗水进入基坑
    C. 坑壁渗水量较小时，宜采用导水降水方法

D. 集水井宜间隔 60～80m 设置一个

2. 隧道明挖基坑回填采用机械碾压时，搭接宽度不得小于（　　）cm；小型机具夯填重叠处不得小于（　　）底宽度。

A. 20，1/3　　　　　　　　B. 20，1/4
C. 10，1/3　　　　　　　　D. 10，1/4

二　多项选择题

1. 关于明挖隧道基坑围护钢支撑安设质量要求的说法，正确的有（　　）。

A. 支撑的挠曲度≤1/1000
B. 支撑与立柱的偏差≤±60mm
C. 支撑两端的标高差≤±30mm
D. 轴线竖向、水平向偏差≤±30mm
E. 水平面偏差≤支撑长度的 1/600

2. 关于明挖隧道基坑土层锚杆施工要求的说法，正确的有（　　）。

A. 锚杆应在开挖至设计位置后及时安装
B. 锚固段注浆应饱满密实，宜采用二次注浆
C. 二次注浆宜采用水胶比 0.40～0.45 的水泥砂浆
D. 钻孔孔位高偏差不应大于 100mm，水平间距偏差不应大于 50mm
E. 锚杆杆体应设定位器，其间距锚固段不宜大于 2m，非锚固段宜为 2～3m

5.5　隧道辅助坑道施工

复习要点

1. **横洞及平行导坑施工**：包括合理选用开挖方法等内容。
2. **斜井施工**：包括施工方法及技术要求等内容。
3. **竖井施工**：包括施工方法及技术要求等内容。

一　单项选择题

1. 隧道斜井施工运输车辆应限速行驶，进洞重车不得大于（　　）km/h，轻车不得大于（　　）km/h。

A. 6，10　　　　　　　　B. 6，15
C. 8，10　　　　　　　　D. 8，15

二　多项选择题

1. 斜井施工前应根据设计涌水量进行排水方案设计，主要内容应包括（　　）的

设置等。

- A．抽排水设备规格型号
- B．管径大小
- C．排水数量
- D．集水坑
- E．断面尺寸

5.6 特殊岩土及不良地质隧道施工

复习要点

1．特殊岩土隧道施工： 包括风积沙和含水砂层隧道施工、黄土隧道施工、高原冻土隧道施工方法及技术要求。

2．不良地质隧道施工： 包括富水软弱破碎围岩隧道施工、岩溶隧道施工、瓦斯隧道施工、岩爆隧道施工、挤压性围岩隧道施工、膨胀岩隧道施工方法及技术要求。

一　单项选择题

1．黄土隧道施工方法选择应根据隧道断面大小、围岩级别、土层含水量、监控量测情况综合考虑，一般情况下可采用（　　）施工。
- A．全断面法
- B．台阶法
- C．中隔壁法
- D．双侧壁导坑法

2．关于黄土隧道支护施工要求的说法，错误的是（　　）。
- A．开挖后应立即喷混凝土封闭开挖工作面
- B．当黄土含水量较大时，锚杆成孔可采用潜孔钻机
- C．钢架基脚或分部开挖基脚等处应设置锁脚锚杆
- D．垂直节理地段，应在拱脚设置测点，监控拱脚下沉状态

3．关于黄土隧道防排水施工要求的说法，正确的是（　　）。
- A．混凝土养护采用喷淋
- B．喷射混凝土应采用干喷工艺
- C．严格控制施工用水，避免浸泡土体
- D．喷射机等设备在洞内时用高压水冲洗

4．富水软弱破碎围岩单线隧道宜采用（　　）开挖。
- A．全断面法
- B．双侧壁导坑法
- C．中隔壁法
- D．预留核心土台阶法

5．岩溶隧道在Ⅱ、Ⅲ级围岩条件下，且溶洞仅穿过隧道底部小部分断面时，可采用（　　）开挖。
- A．全断面法
- B．双侧壁导坑法
- C．中隔壁法
- D．预留核心土台阶法

6．关于瓦斯工区钻孔作业要求的说法，错误的是（　　）。
- A．作业必须采用湿式钻孔
- B．炮眼深度不应小于 0.6m

C．必须采用煤矿许用炸药　　　D．爆破采取反向装药起爆

7. 下列岩爆技术处理措施中，属于中等岩爆地段采用的是（　　）。

　　A．钢架支撑　　　　　　　　B．小导洞超前
　　C．防岩爆锚杆　　　　　　　D．超前应力解除爆破

二　多项选择题

1. 黄土隧道施工方法选择应根据隧道断面大小、围岩级别、土层含水量、监控量测情况综合考虑，对浅埋、偏压及地表有沉降要求的地段，隧道可采取（　　）施工。

　　A．全断面法　　　　　　　　B．双侧壁导坑法
　　C．中隔壁法　　　　　　　　D．交叉中隔壁法
　　E．台阶法

2. 关于黄土隧道开挖要求的说法，正确的有（　　）。

　　A．台阶法施工宜采取弧形导坑并预留核心土
　　B．开挖方式宜采用人工开挖
　　C．仰拱距掌子面的距离宜为 20～30m
　　D．上台阶开挖循环进尺以两榀拱架间距为宜
　　E．核心土长度宜为 3.0～5.0m，面积不宜小于开挖面的 50%

3. 明洞工程湿陷性黄土地基可结合地基湿陷性等级、类型、湿陷层厚度及湿陷量，采用（　　）等进行处理。

　　A．换填法　　　　　　　　　B．挤密桩法
　　C．强夯法　　　　　　　　　D．混凝土灌注桩法
　　E．垫层法

4. 关于高原冻土隧道二次衬砌施工要求的说法，正确的有（　　）。

　　A．二次衬砌宜紧跟工作，采用低温早强混凝土
　　B．混凝土拌和温度不应高于 30℃
　　C．加气剂宜在混凝土拌和 60s 后加入
　　D．混凝土养护应保持温度，防止冻害
　　E．相邻接触面温度在 –5℃以下浇筑混凝土

5. 关于岩溶隧道施工要求的说法，正确的有（　　）。

　　A．岩溶隧道施工宜采用动态设计、动态施工
　　B．开挖宜采取中隔壁法，必要时采用双侧壁导坑法
　　C．暗河段施工，应以排为主，不得封堵，避免增大对正洞衬砌的压力
　　D．溶洞位于隧道一侧时，应先开挖该侧，等支护完成后再开挖另一侧
　　E．岩溶发育隧道，地质预报应建立以长距离物探和钻探为主，其他物探方式为辅，红外线探测连续施测的综合预报体系

5.7 隧道盾构法施工

复习要点

1．**盾构选型及组装调试**：包括盾构选型、组装调试等知识点。
2．**盾构施工**：包括盾构掘进、管片制作与拼装、壁后注浆等施工方法及技术要求。

一、单项选择题

1．下列地质条件中，适合泥水平衡盾构施工的是（　　）。
　　A．冲积黏土　　　　　　　　B．冲积洪积的砂砾
　　C．洪积黏土　　　　　　　　D．砂质土
2．复合盾构机应根据工程地质、水文地质条件、地表沉降控制要求等选择掘进模式。当隧道围岩稳定性良好或地下水位低时，宜选用（　　）。
　　A．土压平衡式　　　　　　　B．半敞开式
　　C．水压平衡式　　　　　　　D．敞开式

二、多项选择题

1．关于盾构管片拼装作业要求的说法，正确的有（　　）。
　　A．拼装管片时应防止管片及防水密封损坏
　　B．对已拼装成环的衬砌环应进行平整度检查
　　C．应根据拼装要求逐块拼装，并及时连接成环
　　D．应根据上一衬砌环姿态、盾构姿态、盾尾间隙等确定管片排序
　　E．应严格控制盾构机千斤顶的压力和伸缩量，并保持盾构姿态稳定

5.8 隧道掘进机法施工

复习要点

1．**掘进机选型及组装调试**：包括掘进机选型、组装调试等知识点。
2．**掘进机施工**：包括掘进机掘进、施工工艺等知识点。

一、单项选择题

1．TBM 洞内组装总体顺序为：主机→连接桥→后配套及辅助设备。主机与连接桥安装原则是（　　）。
　　A．从后至前、先内后外、先下后上

B．从后至前、先外后内、先下后上
C．从前至后、先内后外、先下后上
D．从前至后、先外后内、先下后上

二 多项选择题

1．关于掘进机软弱围岩掘进施工要求的说法，正确的有（   ）。
   A．掘进通过后，围岩固结注浆应及时进行
   B．掘进应加快速度，必要时先停机加固围岩
   C．软弱破碎带掘进，可采取超前预注浆、超前锚杆或超前管棚等超前支护措施
   D．开敞式掘进机采用锚喷初期支护时，掘进应在初期支护按设计施作完成前进行
   E．富水软弱破碎围岩地段，应在采取超前预注浆封堵地下水及加固围岩的措施后进行掘进

5.9 隧道防排水施工

复习要点

1．一般规定： 包括铁路隧道防排水施工原则、隧道防排水施工材料使用及设置要求等知识点。

2．防排水施工： 包括施工防排水措施、结构防排水措施、注浆防水措施等知识点。

一 单项选择题

1．下列防排水处理方式中，属于隧道防水系统的是（   ）。
   A．隧道侧沟   B．围岩防渗处理
   C．衬砌结构   D．泄水槽
2．下列防排水处理方式中，属于隧道排水系统的是（   ）。
   A．地表处理   B．围岩防渗处理
   C．衬砌结构   D．排水盲管
3．隧道防排水包含（   ）。
   A．结构防排水、特殊防排水   B．结构防排水、施工防排水
   C．一般防排水、施工防排水   D．一般防排水、特殊防排水
4．在隧道防排水施工中，能够为衬砌与围岩之间提供过水通道的设施是（   ）。
   A．防水板   B．排水沟
   C．泄水孔   D．盲沟

5. 隧道结构防水施工应以（　　）为控制重点。
   A．二衬施工　　　　　　　B．泄水孔埋设
   C．接缝施工　　　　　　　D．防水板铺设

二　多项选择题

1. 下列防排水措施中，属于排水系统的有（　　）。
   A．地表处理　　　　　　　B．围岩防渗处理
   C．隧道侧沟　　　　　　　D．中央排水沟
   E．排水盲管
2. 关于隧道防水板铺设要求的说法，正确的有（　　）。
   A．分段铺设防水板边缘部位应预留至少 30cm 搭接余量
   B．防水板铺设前应在洞外检查防水板及缓冲层材料有无破损
   C．防水板应采用防水板作业平台架铺设，应由隧道两侧向拱部进行
   D．防水板铺设应超前衬砌施工，并应与开挖工作面保持一定安全距离
   E．缓冲层铺设时，应用射钉或膨胀螺栓将热塑性垫圈和缓冲层固定在基面上
3. 关于隧道注浆防水施工要求的说法，正确的有（　　）。
   A．根据地下水情况、防水范围、设备性能、浆液扩散半径和对注浆防水效果要求等综合因素确定注浆孔数、布孔方式及钻孔角度
   B．采用全断面帷幕注浆时，注浆初始循环应根据水压、水量、地层完整性及设计压力确定止浆形式，并设置孔口管
   C．预注浆段长度应视具体情况合理确定，掘进时应保留足够止水岩盘厚度
   D．注浆压力应根据水文地质条件合理确定，宜比静水压力大 0.5～1.5MPa
   E．钻孔注浆顺序应由上往下、由多水处到少水处、隔孔钻注

5.10　隧道施工辅助作业

复习要点

1．**施工供水、供电**：包括施工供水、施工供电技术要求等内容。
2．**施工通风、防尘**：包括施工通风、施工防尘技术要求等内容。

一　单项选择题

1. 同时考虑施工现场的动力和照明施工用电量的计算公式是（　　）。
   A．$S_{总} = k[\sum P_1 \cdot k_1/(\eta \cdot \cos\phi) + \sum P_2 \cdot k_3]$
   B．$S_{总} = k[\sum P_1 \cdot k_1/(\eta \cdot \cos\phi) + \sum P_2]$
   C．$S_{总} = [\sum P_1 \cdot k_1/(\eta \cdot \cos\phi) + \sum P_2 \cdot k_3]$
   D．$S_{总} = [\sum P_1 \cdot k_1/(\eta \cdot \cos\phi) + \sum P_2]$

2. 一般使变压器用电负荷达到额定容量的（　　）左右为佳。
   A．30% B．40%
   C．20% D．60%

3. 隧道供电电压，一般是三相五线 400/230V，动力机械的电压标准是（　　）。
   A．220V B．360V
   C．380V D．480V

4. 隧道施工中，作业环境必须符合有关规定，氧气含量按体积计，不得低于（　　）。
   A．10% B．20%
   C．30% D．40%

5. 隧道施工中，作业环境必须符合的规定是（　　）。
   A．空气温度不得超过 26℃，噪声不得大于 80dB
   B．空气温度不得超过 26℃，噪声不得大于 90dB
   C．空气温度不得超过 28℃，噪声不得大于 80dB
   D．空气温度不得超过 28℃，噪声不得大于 90dB

6. 在曲线长隧道中应采用的通风方式为（　　）。
   A．压入式通风 B．吸出式通风
   C．自然通风 D．强制机械通风

7. 隧道施工钻孔作业时，在钻眼过程中利用高压水实施湿式凿岩，其主要目的是（　　）。
   A．降低噪声 B．降低温度
   C．降低粉尘 D．降低湿度

8. 施工通风方式应根据隧道的长度、掘进坑道的断面大小、施工方法和设备条件等诸多因素来确定。在施工中，自然通风是利用洞室内外的温差或风压差来实现通风的一种方式，一般仅限于（　　）。
   A．短直隧道 B．长大隧道
   C．曲线隧道 D．小断面隧道

9. 对于缺水、易发生冻害或岩石不适于湿式钻眼的地区，可采用（　　），其效果也较好。
   A．干式凿岩孔口捕尘 B．喷雾洒水
   C．湿式凿岩 D．个人防护

10. 关于隧道施工通风目的的说法，错误的是（　　）。
    A．及时供给洞内足够的新鲜空气
    B．稀释并排除有害气体和降低粉尘浓度
    C．降低洞内空气湿度
    D．保障作业人员的身体健康

二、多项选择题

1. 施工用水量估算应考虑的因素有（　　）。
   A. 绿化用水　　　　　　B. 施工用水
   C. 生活用水　　　　　　D. 消防用水
   E. 储备用水

2. 关于隧道高压风机及风管布置要求的说法，正确的有（　　）。
   A. 通风机安装基础要能承受机体重量和运行时产生的振动
   B. 在洞外地段风管长度大于500m时，应设置油水分离器
   C. 吸入口不要吸入液体，要安装喇叭提高吸入、排出效率
   D. 在衬砌台车附近，不要使风管急剧弯曲以减少风压损失
   E. 风管可挂设在隧道底板中央、隧道下部或靠边墙墙角处

3. 隧道施工中采取的综合性防尘措施主要有（　　）。
   A. 湿式凿岩　　　　　　B. 孔口捕尘
   C. 机械通风　　　　　　D. 蒸汽湿润
   E. 喷雾洒水

4. 铁路隧道施工辅助作业应包括（　　）。
   A. 施工供电　　　　　　B. 施工供暖
   C. 施工供水　　　　　　D. 施工通风
   E. 施工防尘

【参考答案】

【5.1　参考答案】
一、单项选择题
1. D；　2. B；　3. C；　4. D；　5. B；　6. C；　7. B；　8. C；
9. A
二、多项选择题
1. B、E；　　　2. B、C；　　　3. A、B、C、E；　　4. A、C、E；
5. A、E；　　　6. B、C、D；　　7. A、E

【5.2　参考答案】
一、单项选择题
1. D；　2. B；　3. A；　4. B；　5. A；　6. C；　7. D；　8. B；
9. C；　10. B；　11. A；　12. C；　13. A
二、多项选择题
1. A、B、D、E；　2. A、B、C、E；　3. A、B、C、D；　4. B、C、D、E；
5. A、C、D、E；　6. B、C、D；　　7. A、B、C；　　　8. C、D、E

【5.3 参考答案】

一、单项选择题

1. A; 2. B; 3. C; 4. D; 5. B; 6. A; 7. C; 8. A;
9. C; 10. C; 11. A

二、多项选择题

1. A、D、E; 2. A、C、E; 3. A、B、D; 4. B、D、E;
5. A、B、D、E; 6. A、B、C、E; 7. A、B、D、E; 8. B、D、E;
9. A、C、D、E; 10. A、B; 11. A、B、D、E; 12. B、C、D、E;
13. C、D、E; 14. A、C、D、E; 15. A、D、E

【5.4 参考答案】

一、单项选择题

1. B; 2. A

二、多项选择题

1. A、D、E; 2. A、B、E

【5.5 参考答案】

一、单项选择题

1. D

二、多项选择题

1. A、B、C、D

【5.6 参考答案】

一、单项选择题

1. B; 2. B; 3. C; 4. D; 5. A; 6. D; 7. C

二、多项选择题

1. B、C、D; 2. A、C、E; 3. A、B、D; 4. A、B、D;
5. A、C、D、E

【5.7 参考答案】

一、单项选择题

1. B; 2. D

二、多项选择题

1. A、C、D、E

【5.8 参考答案】

一、单项选择题

1. C

二、多项选择题

1. A、C、E

【5.9 参考答案】

一、单项选择题

1. C; 2. D; 3. B; 4. D; 5. C

二、多项选择题
1. C、D、E；　　　2. B、D、E；　　　3. A、B、C、D

【5.10　参考答案】
一、单项选择题
1. A；　2. D；　3. C；　4. B；　5. D；　6. D；　7. C；　8. A；
9. A；　10. C
二、多项选择题
1. B、C、D；　　　2. A、C、D；　　　3. A、B、C、E；　　　4. A、C、D

第 6 章 铁路轨道工程

6.1 轨道类型及构造

微信扫一扫
在线做题 + 答疑

复习要点

1．**轨道类型的确定**：包括轨道类型的划分、正线轨道类型的确定等内容。
2．**钢轨、道岔及轨枕**：包括钢轨、道岔、轨枕的类型、型号等内容。
3．**轨道道床**：包括有砟轨道、无砟轨道形式及要求。

一 单项选择题

1．轨道是指路基面以上的线路部分，直接承受列车荷载，引导列车行走，分为有砟轨道和无砟轨道。我国标准轨距为（　　）mm。

  A．1067　 B．1435
  C．1524　 D．1676

2．根据正线有砟轨道设计标准，高速铁路扣件类型为（　　）。

  A．弹条Ⅰ或Ⅱ型　 B．弹条Ⅱ或Ⅲ型
  C．弹条Ⅲ或Ⅳ型　 D．弹条Ⅳ或Ⅴ型

3．钢轨定尺长可为 100m、75m、25m、12.5m。无缝线路 60kg/m 钢轨宜选用（　　）m 定尺长钢轨。

  A．100　 B．75
  C．25　 D．12.5

4．关于再用钢轨使用要求的说法，正确的是（　　）。

  A．年通过总重大于 15Mt 的既有线路应使用再用钢轨
  B．新建铁路正线宜使用再用钢轨和再用道岔
  C．磨耗严重的曲线地段宜采用再用钢轨
  D．再用钢轨应经过机械整修后使用

5．正线可采用 50kg/m 钢轨的铁路类型是（　　）。

  A．客货共线Ⅱ级铁路　 B．高速铁路
  C．城际铁路　 D．重载铁路

6．客货共线铁路长度超过 1km 的隧道及隧道群宜采用（　　）。

  A．有砟道床　 B．一级碎石道床
  C．无砟道床　 D．二级碎石道床

7．下列铁路有砟轨道所处环境中，要求采用小阻力扣件的是（　　）。

  A．严寒地区铁路　 B．大跨度桥梁
  C．沿海地区铁路　 D．隧道里铁路

8. 城际铁路 CRTS Ⅰ型板式无砟轨道采用的扣件类型是（　　）。
   A．WJ-7A B．WJ-7B
   C．WJ-8A D．WJ-8B

9. 无缝线路道床砟肩应使用碎石道砟堆高 15cm，堆高道砟的边坡坡度应为（　　）。
   A．1∶1 B．1∶2
   C．1∶1.5 D．1∶1.75

10. 正线与站线、道岔区联结处无砟道床一般采用（　　）。
    A．轨枕埋入式无砟轨道 B．CRTS Ⅰ型板式无砟轨道
    C．CRTS Ⅱ型板式无砟轨道 D．CRTS Ⅲ型板式无砟轨道

11. 关于有砟轨道轨枕设置的说法，正确的是（　　）。
    A．曲线半径小于 300m 的地段应铺设木枕
    B．设有护轨的地段应铺设Ⅲ型混凝土桥枕
    C．正线道岔应当采用混凝土电容轨枕铺设
    D．不同类型的轨枕在桥隧结合处可以混铺

二 多项选择题

1. 下列铁路运营条件中，属于正线有砟轨道设计标准的有（　　）。
   A．货物列车设计速度 V_H B．列车轴重 P
   C．旅客列车设计速度 V_K D．年通过总质量
   E．线下工程质量合格

2. 目前正线无砟轨道道床结构形式主要有（　　）。
   A．CRTS 型双块式无砟轨道 B．轨枕埋入式无砟轨道
   C．CRTS Ⅰ型板式无砟轨道 D．弹性支承块式无砟轨道
   E．CRTS Ⅱ型板式无砟轨道

3. 根据用途和平面形状，道岔分为普通单开道岔和（　　）等。
   A．单开对称道岔 B．三开道岔
   C．交叉渡线 D．交分道岔
   E．复式道岔

4. 单开道岔的组成部分有（　　）。
   A．轨枕 B．辙叉
   C．护轨 D．转辙器
   E．连接部分

5. 关于道岔选型的说法，正确的有（　　）。
   A．正线上的道岔，其轨型应与正线轨型一致
   B．正线道岔的列车直向通过速度应小于路段设计速度
   C．正线不应采用复式交分道岔，困难条件下需要采用时，不应小于 12 号
   D．旅客列车设计速度大于 160km/h 的路段，正线道岔应采用可动心轨辙叉

E. 正线跨区间无缝线路及设计速度不小于160km/h的路段，不应采用交叉渡线

6. 关于有砟轨道轨枕铺设要求的说法，正确的有（　　）。
   A. 不同类型的轨枕不应混铺
   B. 正线道岔应采用混凝土岔枕
   C. 设有护轨的地段应铺设Ⅱ型混凝土桥枕
   D. 曲线半径小于300m的地段应铺设小半径曲线用混凝土轨枕
   E. 混凝土电容轨枕和电气绝缘节轨枕的设置应满足轨道电路要求

7. 关于无砟轨道结构选型要求的说法，正确的有（　　）。
   A. 高速铁路无砟轨道宜采用双块式结构形式
   B. 城际铁路无砟轨道宜采用板式结构形式
   C. 城际铁路隧道内可采用弹性支承块式结构形式
   D. 道岔区无砟轨道宜采用弹性支承块式
   E. 重载铁路隧道内无砟轨道可采用轨枕埋入式结构形式

6.2 有砟轨道工程施工

复习要点

1．有砟道床施工： 包括施工组织及要求、铺轨前预铺道砟技术要求、分层上砟整道技术要求等内容。

2．有砟轨道铺设： 包括施工组织及要求、轨排组装技术要求、铺轨技术要求、铺砟整道技术要求等内容。

3．有砟道岔及钢轨伸缩调节器铺设： 包括道岔铺设、钢轨伸缩调节器铺设技术要求等内容。

一 单项选择题

1. 线路铺砟整道施工时，铺枕、铺轨作业区与铺砟整道作业区的距离不宜过长，铺轨后应及时组织上砟整道作业。施工应采用一次铺设跨区间无缝线路的（　　）。
   A. 顺序作业法　　　　　　B. 平行作业法
   C. 流水作业法　　　　　　D. 交叉作业法

2. 线路开通前应由（　　）组织有关单位对线路污染和垃圾进行彻底清除，隧道内应进行全面清洗除尘，并检查核实。
   A. 建设单位　　　　　　　B. 设计单位
   C. 监理单位　　　　　　　D. 施工单位

3. 铺轨前预铺道砟宜（　　）铺设完成。
   A. 单线一次　　　　　　　B. 双线一次
   C. 单线两次　　　　　　　D. 双线两次

4. 运砟车辆在基床表层上行驶时，应做到缓行缓停，禁止突然加速或急刹车，载重运行速度宜小于（　　）km/h。
   A. 5 B. 10
   C. 15 D. 20

5. 关于机械碾压法预铺道砟施工要求的说法，错误的是（　　）。
   A. 压路机作业速度以 3～4km/h 为宜
   B. 碾压时由中央向两边纵向进退式进行
   C. 采用 20t 以上的压路机碾压时可不开启振动
   D. 虚铺道砟平整完成后，采用压路机进行机械碾压

6. 高速铁路分层上砟整道中，关于起道作业要求的说法，正确的是（　　）。
   A. 第一遍起道量不宜大于 80mm
   B. 第二遍起道量不宜大于 70mm
   C. 第三遍起道量不宜大于 60mm
   D. 第四遍起道量不宜大于 50mm

7. 关于螺旋道钉锚固作业要求的说法，错误的是（　　）。
   A. 螺旋道钉用硫磺水泥砂浆锚固
   B. 铺固方法宜采用正锚，螺旋道钉用模具定位
   C. 螺旋道钉应与承轨槽面垂直，歪斜不得大于 2°
   D. 硫磺水泥砂浆注入孔内时的温度不得低于 130℃

8. 铺设 25m 钢轨地段，采用非标准钢轨的长度不得小于（　　）m。
   A. 20 B. 21
   C. 30 D. 31

9. 铺轨列车在仅作重点整道地段的运行速度不得大于（　　）km/h。
   A. 15 B. 20
   C. 25 D. 30

10. 道岔组装时铺设钢轨应（　　）。
    A. 先直股后曲股，先辙叉后转辙
    B. 先直股后曲股，先转辙后辙叉
    C. 先曲股后直股，先辙叉后转辙
    D. 先曲股后直股，先转辙后辙叉

11. 钢轨伸缩调节器应在工厂内试组装并验收。出厂时，制造厂应依据钢轨伸缩调节器相关技术条件进行检验，并提供（　　）。
    A. 质检报告单、加工图和发货明细表
    B. 质检报告单、铺设图和发货明细表
    C. 出厂合格证、加工图和发货明细表
    D. 出厂合格证、铺设图和发货明细表

12. 螺旋道钉用（　　）锚固。
    A. 水泥沥青砂浆 B. 环氧树脂砂浆
    C. 硫磺水泥砂浆 D. 聚合物水泥砂浆

13. 螺旋道钉每公里做一组抗拔试验（每组 3 个螺旋道钉），抗拔力不得小于（　　）。

　　A．80kN　　　　　　　　　B．60kN
　　C．50kN　　　　　　　　　D．70kN

14. 铺砟整道作业时，每次铺砟整道，应先补充枕盒内部分道砟，然后（　　），拨正轨道方向，回填清理道砟，稳定轨道。

　　A．起道、串砟、方枕、捣固道床
　　B．方枕、起道、串砟、捣固道床
　　C．起道、方枕、串砟、捣固道床
　　D．方枕、串砟、起道、捣固道床

15. 关于铺岔前预铺道砟工作的说法，错误的是（　　）。

　　A．预铺道砟前测设岔心、岔前、岔后控制桩
　　B．提前测设道床摊铺位置、长度、宽度
　　C．正线道岔预铺道砟应采用机械碾压
　　D．预铺道床厚度宜比设计小 60mm

16. 当道岔轨型与连接线路轨型不一致时，道岔前后应各铺一节长度不小于 6.25m 与道岔同型的钢轨。在困难条件下，站线长度可减小到（　　）。

　　A．4.0m　　　　　　　　　B．4.5m
　　C．5.0m　　　　　　　　　D．5.5m

二　多项选择题

1. 高速铁路关于起道作业要求的说法，正确的有（　　）。

　　A．第一、二次起道量不宜大于 60mm
　　B．第三、四次起道量不宜大于 50mm
　　C．起道量 50mm 以上时宜选择单捣作业
　　D．起道量 50mm 以下时宜选择双捣作业
　　E．每次起道作业后轨枕头外侧应有一定数量的道砟

2. 下列机械设备中，属于有砟道床施工的有（　　）。

　　A．钉联机　　　　　　　　B．轨排运输车
　　C．风动卸砟车　　　　　　D．配砟整形车
　　E．动力稳定车

3. 摊铺机预铺道砟施工前，应预先选定的摊铺机械作业参数有（　　）。

　　A．摊铺宽度　　　　　　　B．压实振动频率
　　C．摊铺厚度　　　　　　　D．压实系数
　　E．摊铺速度

4. 关于机械碾压法预铺道砟施工要求的说法，正确的有（　　）。

　　A．平地机平砟时宜从线路两侧往中心进行
　　B．虚铺道砟平整完成后，采用压路机进行机械碾压

C．完成平面测量后，测设预铺道砟面高程控制线

D．平地机平整后的道砟应目视平坦，曲线不得有反超高

E．铺砟前测量线路中线控制桩，测设标准为直线上每 50m 一点

5．关于螺旋道钉锚固要求的说法，正确的有（　　）。

A．螺旋道钉应涂刷长效油脂

B．螺旋道钉用硫磺水泥砂浆锚固

C．铺固方法宜采用正锚，螺旋道钉用模具定位

D．硫磺水泥砂浆注入孔内时的温度不得低于 130℃

E．螺旋道钉应与承轨槽面平行，歪斜不得大于 2°

6．关于道岔组装要求的说法，正确的有（　　）。

A．摆放岔枕应先确定上、下开别

B．垫板螺栓拧入前应涂抹防腐漆

C．摆放岔枕时，不得用撬棍插入岔枕套管内进行作业

D．密贴调整应在高低、方向、轨距、水平调整到位后进行

E．按产品出厂标记的接头顺序和设计预留轨缝值连接道岔

7．线路上不得有钢轨接头的位置有（　　）。

A．钢梁端部、拱桥温度伸缩缝和拱顶等处前后各 2m 范围内

B．设有温度调节器的钢梁的温度跨度范围内

C．明桥面小桥的全长范围内

D．钢梁的横梁顶上

E．隧道范围内

8．关于铺砟整道作业要求的说法，正确的有（　　）。

A．临时道床面高差，应以不大于 5‰ 的坡度顺接

B．混凝土枕应在钢轨两侧各 300mm 范围内均匀捣固

C．铺轨后第一次铺砟整道与铺轨间隔不宜大于两个区间

D．铺轨后应随即重点整道，保障铺轨列车能按 15km/h 的速度安全运行

E．采用人工或小型机具进行第二次铺砟作业时，应在第一次铺砟整道并通过 5 对以上列车后进行

6.3　无砟轨道工程施工

复习要点

1．**无砟道床施工**：包括板式无砟轨道道床施工、双块式无砟轨道道床施工等技术要求。

2．**无砟轨道铺设**：包括施工组织及要求、无砟轨道长钢轨铺设技术要求等内容。

3．**无砟道岔及钢轨伸缩调节器铺设**：包括无砟道岔铺设、钢轨伸缩调节器铺设等技术要求。

一、单项选择题

1. 在我国高速铁路建设中大量应用的完全具有自主知识产权的新型预应力单元分块式结构是（　　）。
   A．CRTS Ⅰ 型先张法轨道板　　B．CRTS Ⅱ 型先张法轨道板
   C．CRTS Ⅲ 型先张法轨道板　　D．CRTS 型双块式无砟轨道

2. CRTS Ⅲ 型轨道板预制的核心工艺是（　　）。
   A．模板支立　　　　　　　　　B．混凝土灌注
   C．钢筋绑扎　　　　　　　　　D．预应力张拉

3. CRTS Ⅲ 型轨道板预制钢筋焊接采用搭接焊工艺，按技术要求，钢筋间十字交叉时应采用"L"形钢筋焊接，焊缝长度为（　　）。
   A．单面焊接不小于100mm，双面焊接不小于50mm
   B．单面焊接不小于100mm，双面焊接不小于55mm
   C．单面焊接不小于110mm，双面焊接不小于50mm
   D．单面焊接不小于110mm，双面焊接不小于55mm

4. 关于 CRTS Ⅲ 型轨道板预制预应力筋张拉要求的说法，错误的是（　　）。
   A．预应力筋采用整体单根张拉方式
   B．单根预应力筋加载速率不大于4kN/s
   C．张拉完成后，持荷3min后插紧楔块并记录
   D．施加预应力采用专用张拉设备，张拉记录由系统自动生成

5. 关于 CRTS Ⅲ 型轨道板预制混凝土养护要求的说法，错误的是（　　）。
   A．蒸汽养护升温速度不大于5℃/h，蒸汽恒温温度不超过30℃
   B．混凝土芯部最高温度不超过55℃，蒸汽养护降温速度不大于10℃/h
   C．混凝土灌注完成后在5~30℃的环境中静置3.5h后方可开始送蒸汽养护
   D．每工作班至少有一块混凝土芯部温度记录

6. CRTS Ⅲ 型轨道板预制封锚砂浆采用快速封锚砂浆，采用强制式搅拌机拌制，搅拌机转速不宜小于（　　）r/min。
   A．60　　　　　　　　　　　　B．120
   C．180　　　　　　　　　　　　D．240

7. 下列 CRTS Ⅲ 型板式无砟道床施工工序中，属于"自密实混凝土层钢筋网安装"紧后工序的是（　　）。
   A．隔离层及弹性缓冲垫层施工　　B．混凝土底座及限位凹槽施工
   C．自密实混凝土层施工　　　　　D．轨道板铺设

8. 下列 CRTS Ⅲ 型板式无砟道床混凝土底座及限位凹槽施工工序中，属于"底座及凹槽模板安装"紧后工序的是（　　）。
   A．钢筋网片及连接筋安装　　　　B．底座混凝土浇筑
   C．伸缩缝填缝施工　　　　　　　D．混凝土养护、拆模

9. 下列 CRTS Ⅲ 型板式无砟道床隔离层及弹性垫层施工工序中，属于"凹槽隔

层裁剪"紧后工序的是（　　）。

  A．原材料检验   B．底座及凹槽表面清理

  C．隔离层铺设   D．弹性垫层粘贴

10．CRTS Ⅲ型板式无砟道床底座混凝土达到设计强度（　　）以上，且底座外形尺寸等各项指标经检验符合要求后，方可施工隔离层和弹性垫层。

  A．50%   B．65%

  C．75%   D．100%

11．下列轨道板铺设工序中，属于"自密实混凝土层钢筋安装"紧后工序的是（　　）。

  A．隔离层表面清理   B．轨道板粗调

  C．轨道板现场检查   D．轨道板精调

12．下列自密实混凝土层施工工序中，属于"固定装置及模板复检"紧后工序的是（　　）。

  A．轨道板复检   B．混凝土配置、运输

  C．原材料检验   D．自密实混凝土灌注

13．支承层施工宜采用滑模摊铺机进行，对于长度较短、外形不规则、有大量预埋件或在支承层上设置超高的地段，也可采用模筑法施工。采用滑模摊铺法施工时，支承层材料应采用（　　）。

  A．改性沥青混合料   B．高塑性混凝土

  C．水硬性混合料   D．低塑性混凝土

14．支承层施工采用模筑法进行时，支承层材料应采用（　　）。

  A．改性沥青混合料   B．高塑性混凝土

  C．水硬性混合料   D．低塑性混凝土

15．下列支承层滑模摊铺法施工工序中，属于"自卸车喂料或机械布料"项目的紧后工序是（　　）。

  A．水硬性材料拌制、运输   B．基础面清理及湿润

  C．摊铺机参数设定及校准   D．滑模摊铺机作业

16．下列支承层模筑法施工工序中，属于"拆除模板"项目的紧后工序是（　　）。

  A．混凝土施工   B．拉毛及修整

  C．切缝   D．覆盖养护

17．下列桥上混凝土底座板施工工序中，属于"钢筋绑扎"项目的紧后工序是（　　）。

  A．滑动层验收   B．模板安装

  C．后浇带连接   D．混凝土养护

18．下列双块式无砟轨道道床板混凝土施工工序中，属于"模板、螺杆调节器或轨排框架等拆除"项目的紧后工序是（　　）。

  A．道床混凝土浇筑、抹面

  B．伸缩缝填缝、预留孔封堵施工

  C．道床混凝土养护

D. 钢筋、模板、绝缘性能检查

19. 道床板结构内有三根纵向钢筋作为接地钢筋。纵向上每隔大约（　　）m 的长度设置一个绝缘绑扎节点，纵向钢筋之间相互绝缘，搭接长度不小于（　　）mm。

  A. 100，600   B. 100，800

  C. 150，600   D. 150，800

20. 工地钢轨焊接应采用（　　）。

  A. 气压焊接   B. 固定式闪光焊接

  C. 铝热焊接   D. 移动式闪光焊接

21. 道岔内及两端钢轨接头宜采用（　　）。

  A. 气压焊接   B. 固定式闪光焊接

  C. 铝热焊接   D. 移动式闪光焊接

22. 钢轨装车作业应按照装车表，将已选配并标识好的长轨按顺序装车。关于装车顺序的说法，正确的是（　　）。

  A. 装车时由内向外，卸车时由内向外

  B. 装车时由内向外，卸车时由外向内

  C. 装车时由外向内，卸车时由内向外

  D. 装车时由外向内，卸车时由外向内

23. 长轨列车在施工地段运行限速（　　）km/h，在接近已铺长钢轨轨头（　　）m 处应一度停车，缓慢对位。

  A. 5，5   B. 5，10

  C. 10，5   D. 10，10

24. 下列道岔组装工作程序中，正确的是（　　）。

  A. 铺设混凝土岔枕→吊装道岔钢轨、连接钢轨→安装道岔垫板→安装扣件、紧固道岔→起平、调整

  B. 铺设混凝土岔枕→吊装道岔钢轨、连接钢轨→安装扣件、紧固道岔→安装道岔垫板→起平、调整

  C. 铺设混凝土岔枕→安装道岔垫板→吊装道岔钢轨、连接钢轨→安装扣件、紧固道岔→起平、调整

  D. 铺设混凝土岔枕→安装道岔垫板→安装扣件、紧固道岔→吊装道岔钢轨、连接钢轨→起平、调整

二、多项选择题

1. 关于 CRTS Ⅲ 型轨道板预制钢筋加工要求的说法，正确的有（　　）。

  A. 钢筋的绑扎胎具每月检查一次

  B. 按技术要求，钢筋间十字交叉时应采用"V"形钢筋焊接

  C. 检验合格的钢筋按批次和不同牌号、不同规格分别存放并挂标识牌

  D. 钢筋的绑扎胎具应能准确保证钢筋的位置和间距，采用型钢平台与钢板结合制成

E. 钢筋存放在封闭的钢筋区，存放场地硬化处理，钢筋存放的地面应垫高 10cm

2. 关于 CRTS Ⅲ 型轨道板预应力筋张拉要求的说法，正确的有（   ）。
   A. 预应力筋采用整体多根张拉方式
   B. 单根预应力筋加载速率不大于 4kN/s
   C. 张拉完成后，持荷 2min 后插紧楔块并记录
   D. 预应力值采用双控，以张拉力值为主，伸长值作为校核
   E. 先张轨道板正式生产前，应根据设计预应力值做摩阻试验，确定补偿量

3. 关于 CRTS Ⅲ 型轨道板混凝土养护要求的说法，正确的有（   ）。
   A. 每工作班至少有一块混凝土芯部温度记录
   B. 蒸汽养护升温速度不大于 10℃/h，蒸汽恒温温度不超过 40℃
   C. 混凝土芯部最高温度不超过 35℃，蒸汽养护降温速度不大于 15℃/h
   D. 混凝土灌注完成后在 5~30℃的环境中静置 3.5h 后方可开始送蒸汽养护
   E. 养护人员认真做好巡查工作，及时调整蒸汽量，保证养护质量

4. 关于 CRTS Ⅲ 型轨道板预应力张拉封锚要求的说法，正确的有（   ）。
   A. 封锚砂浆应采用缓凝型封锚砂浆
   B. 采用强制式搅拌机拌制时，搅拌机转速不宜小于 180r/min
   C. 封锚砂浆填压过程中，可对砂浆进行二次搅拌，可适当加水
   D. 轨道板脱模后至入池养护前应进行洒水养护，保持轨道板表面湿润
   E. 封锚砂浆填压过程中，应随机取样制作 1d、7d 和 28d 的抗压强度试件

5. 关于 CRTS Ⅲ 型轨道板混凝土底座钢筋安装要求的说法，正确的有（   ）。
   A. 钢筋焊接网之间应采用平搭法
   B. 当梁面预埋套筒时，应在梁体预埋套筒旋入连接钢筋
   C. 上下两层钢筋网应绑扎定位，每 $3m^2$ 不少于一个绑扎点
   D. 钢筋运输时，应捆扎整齐、牢固，每捆重量不宜超过 2t
   E. 钢筋焊接网安装时，下层网片应按不少于 6 个 $/m^2$ 设置保护层垫块

6. 关于 CRTS Ⅲ 型轨道板自密实混凝土层拆模及养护要求的说法，正确的有（   ）。
   A. 当强度达到 10MPa 以上，方可拆除模板
   B. 当强度达到 100% 的设计强度后，轨道板方可承受全部设计荷载
   C. 拆模宜按立模顺序逆向进行，不得损伤轨道板四周自密实混凝土
   D. 自密实混凝土初凝后方可拆除轨道板扣压装置和防侧移固定装置
   E. 用于自密实混凝土的养护水与自密实混凝土表面温度之差不得大于 15℃

7. 下列机械设备中，属于"轨排支撑架法"施工 CRTS 双块式无砟道床的有（   ）等。
   A. 滑模摊铺机   B. 螺杆调整器
   C. 轨排框架   D. 混凝土泵车
   E. 散枕装置

8. 关于道床板接地及绝缘性能检测要求的说法，正确的有（   ）。

A．道床板结构内有三根纵向钢筋作为接地钢筋
B．纵向钢筋之间相互绝缘，搭接长度不小于500mm
C．纵向上每隔大约100m的长度设置一个绝缘绑扎节点
D．利用摇表对纵、横向钢筋的绝缘情况及接地钢筋之间的导电进行检查
E．上下层钢筋与轨枕结构钢筋之间都必须用摇表进行测量，测量结果应不小于2MΩ

9．关于无砟轨道铺设施工要求的说法，正确的有（　　）。
A．工地钢轨焊接应采用固定式闪光焊接
B．当施工环境温度低于0℃时，不宜进行工地焊接
C．铺轨作业区与单元轨节锁定作业区之间的距离不宜太长
D．单元轨节锁定焊接左右股钢轨接头相错量不应大于100mm
E．工地钢轨焊接应符合长钢轨布置图，正线加焊轨长度不得小于20m

6.4　轨道精调整理及预打磨

复习要点

1．轨道精调整理： 包括轨道精调整理一般规定、轨道精调整理技术要求、道岔精调整理技术要求等内容。

2．轨道预打磨： 包括轨道预打磨一般规定、线路钢轨预打磨技术要求、道岔钢轨预打磨技术要求等内容。

一　单项选择题

1．轨道精调应遵循的原则是（　　）。
A．"先高低、后水平""先轨距、后轨向"
B．"先高低、后水平""先轨向、后轨距"
C．"先水平、后高低""先轨距、后轨向"
D．"先水平、后高低""先轨向、后轨距"

2．轨道精调整理作业应对全线的轨距进行逐根轨枕测量，超标轨枕应逐根进行调整，调整后轨距应达到的标准为（　　）。
A．轨距允许偏差±2mm，轨距变化率不得大于1/1500
B．轨距允许偏差±2mm，轨距变化率不得大于1/1000
C．轨距允许偏差±3mm，轨距变化率不得大于1/1500
D．轨距允许偏差±3mm，轨距变化率不得大于1/1000

3．对道床板及钢轨件表面进行清理时，对粘附在道岔钢轨、扣件、轨枕或道床、道岔板上的尘土、污垢、油污的清除不得使用（　　），避免破坏钢轨件表面的保护层。
A．扫帚　　　　　　　　　　B．毛刷
C．水枪　　　　　　　　　　D．钢丝刷

二 多项选择题

1. 下列施工原则中，属于无砟道岔精调整理应遵循的有（   ）。
   A．先高低、后水平
   B．先轨向、后轨距
   C．先直股、后曲股
   D．先局部、后整体
   E．尖轨、辙叉部位尽量少动，两端线路顺接

2. 关于钢轨预打磨要求的说法，正确的有（   ）。
   A．消除轨头表面的脱碳层
   B．消除钢轨微小缺陷及锈蚀
   C．钢轨顶面平直度 1m 范围内允许偏差 0～＋0.2mm
   D．全线钢轨预打磨作业后，打磨面粗糙度不应大于 15μm
   E．轨顶中心区域（−1°～＋3°）预打磨最小打磨深度不小于 0.2mm

3. 关于道岔钢轨预打磨要求的说法，正确的有（   ）。
   A．道岔打磨区域应与两端线路的钢轨打磨区域相衔接
   B．尖轨与心轨贯通打磨 3 至 4 遍，打磨范围＋3°～＋40°，作业速度不应小于 6km/h
   C．道岔打磨区域应与两端线路的钢轨打磨区域相衔接，重叠打磨区域不得小于 10m
   D．道岔打磨时，前 10 遍主要打磨轨头两侧，打磨速度控制在 5～8km/h
   E．最后几遍以打磨速度控制切削量和廓形符合设计要求，速度为 4～10km/h

4. 关于道岔打磨要求的说法，正确的有（   ）。
   A．小型打磨机打磨时不得灼伤钢轨
   B．打磨车砂轮起落点位置应准确，误差不得超过 600mm
   C．打磨车对轨距角区域应采用角度不大于 45°通打 2～3 遍
   D．当受限区域的尖轨或可动心轨出现疲劳裂纹时应采用打磨车处理
   E．尖轨非工作边距基本轨工作边 100mm 处与尖轨尖端之间钢轨内侧可由打磨车打磨

6.5 营业线轨道工程施工

复习要点

1．改建营业线铺轨： 包括营业线拆铺线路及道岔、轨道过渡工程以及临时道岔、便线施工作业要求，营业线换铺无缝线路要求，线路拨移要求，轨道过渡工程要求，线路整道和维修要求，无缝线路区段机养作业要求等内容。

2．增建二线铺轨： 包括施工作业前准备工作、铺架设备运行及作业要求、线路整

修及起道作业要求、铺架设备区间停放要求、线路拨接要求等内容。

一、单项选择题

1. 在自动闭塞区段拆铺线路和道岔，作业涉及道岔联锁、轨道电路、通信信号等设施时，施工命令下达后，由（　　）拆除施工区段影响作业和信联闭的轨道电路设施。

   A．建设单位　　　　　　　　B．运营单位
   C．施工单位　　　　　　　　D．设备管理单位

2. 线路维修起拨道地段，应有足够的道砟，一次起道量不得超过（　　）mm。

   A．40　　　　　　　　　　　B．60
   C．80　　　　　　　　　　　D．100

二、多项选择题

1. 关于改建营业线铺轨线路拨移要求的说法，正确的有（　　）。

   A．无缝线路区段，宜提前放散应力
   B．线路拨移前应设置拨移控制桩，标明拨移量
   C．过渡段、新旧路基结合地段，线路应采用人工养护
   D．未放散区段，超出锁定轨温允许作业范围严禁挖开道床
   E．采用滑轨拨移线路作业时，未封锁线路前，严禁向线路内穿放滑轨

2. 关于增建二线线路整修及起道作业要求的说法，正确的有（　　）。

   A．线路未达到放行铺架设备的条件，禁止撤出防护和放行铺架设备
   B．线路铺砟整道地段与相邻地段衔接处应以不大于3‰的坡度顺接
   C．每次起道量不得大于60mm，应在钢轨两侧500mm范围内均匀捣固密实
   D．在普速电气化铁路线路上起道作业，两股钢轨同时起道时，一次作业起道量不得超过30mm且两股钢轨起道量相差不得超过11mm
   E．在高速电气化铁路线路上起道作业，两股钢轨同时起道时，一次作业起道量不得超过30mm且两股钢轨起道量相差不得超过7mm

【参考答案】

【6.1　参考答案】
一、单项选择题
1．B；　2．D；　3．A；　4．D；　5．A；　6．C；　7．B；　8．B；
9．D；　10．A；　11．B
二、多项选择题
1、A、B、C、D；　2、A、C、E；　3、A、B、C、D；　4、B、C、D、E；
5、A、C、D、E；　6、A、B、D、E；　7、A、B、C、E

【6.2 参考答案】
一、单项选择题
1. C;   2. A;   3. B;   4. C;   5. B;   6. D;   7. B;   8. B;
9. A;   10. B; 11. D; 12. C; 13. B; 14. C; 15. D; 16. B
二、多项选择题
1. A、B、E;   2. C、D、E;   3. B、C、E;   4. B、C、D、E;
5. A、B、D;   6. C、D、E;   7. A、B、C、D;   8. A、C、D、E

【6.3 参考答案】
一、单项选择题
1. C;   2. D;   3. B;   4. C;   5. A;   6. C;   7. D;   8. B;
9. D;   10. C; 11. B; 12. D; 13. C; 14. D; 15. D; 16. C;
17. B; 18. B; 19. A; 20. D; 21. C; 22. B; 23. B; 24. C
二、多项选择题
1. A、C、D、E;   2. B、D、E;   3. A、B、D、E;   4. B、D、E;
5. A、B、D;   6. A、B、C、E;   7. A、B、D、E;   8. A、C、D、E;
9. B、C、D、E

【6.4 参考答案】
一、单项选择题
1. B;   2. A;   3. D
二、多项选择题
1. A、B、C、E;   2. A、B、C、E;   3. A、C、E;   4. A、C、E

【6.5 参考答案】
一、单项选择题
1. D;   2. A
二、多项选择题
1. A、B、D、E;   2. A、D、E

第7章 铁路"四电"工程

7.1 电力工程施工

复习要点

微信扫一扫
在线做题+答疑

1. **变（配）电所施工：** 包括变（配）电所施工流程、施工内容及要求等。
2. **架空线路及电缆线路施工：** 包括架空电力线路、电缆线路施工技术要求等。
3. **监控系统施工：** 包括机电设备监控安装前应具备的条件、设备安装、系统布线、机电监控系统调试等内容。
4. **防雷、接地施工及电力系统调试：** 包括防雷（接地）施工、接地网及接地母线施工、防雷装置、电力系统调试等内容。

一、单项选择题

1. 下列变（配）电所施工工序中，属于"变压器安装"紧后工序的是（　　）。
   A. 母线安装　　　　　　　　B. 断路器安装
   C. 设备搬运　　　　　　　　D. 避雷针组立

2. 变（配）电所设备基坑开挖完成后，应对开挖基坑底面进行（　　）试验。
   A. 土壤含水率　　　　　　　B. 地基沉降量
   C. 土壤成分　　　　　　　　D. 地基承载力

3. 下列焊接式设备防护遮栏施工工序中，属于"结构件调整"紧前工序的是（　　）。
   A. 立柱定位　　　　　　　　B. 结构件安装
   C. 立柱安装　　　　　　　　D. 接地线安装

4. 下列电力变压器施工工序中，属于"本体就位安装"紧后工序的是（　　）。
   A. 绝缘介质或器件检测　　　B. 附件安装
   C. 电气接（配）线及接地　　D. 调整调试

5. 下列高压断路器安装工序中，属于"操动机构安装"紧前工序的是（　　）。
   A. 断路器调整　　　　　　　B. 保护管安装
   C. 断路器柱安装　　　　　　D. 补充 SF_6 气体

6. 下列 SF_6 气体绝缘高压开关柜（GIS）安装工序中，属于"一、二次电缆连接"紧后工序的是（　　）。
   A. 柜体连接　　　　　　　　B. SF_6 检漏及充气
   C. 附件安装　　　　　　　　D. 电气试验

7. 下列软母线的安装及调整工序中，属于"母线连接"紧后工序的是（　　）。
   A. 金具安装　　　　　　　　B. 弛度调整
   C. 跳线连接　　　　　　　　D. 母线悬挂

8. 直流正极母线在涂刷相色漆、设置相色标志时，其颜色为（　　）。
    A. 黄色　　　　　　　　　　B. 赭色
    C. 红色　　　　　　　　　　D. 蓝色
9. 软母线导线有扭结、断股和明显松股或同一截面处损伤面积超过导电部分总截面的（　　）时不允许使用。
    A. 3%　　　　　　　　　　B. 4%
    C. 5%　　　　　　　　　　D. 6%
10. 下列普通型直流电源装置安装工序中，属于"充电装置空载"紧后工序的是（　　）。
    A. 蓄电池充放电　　　　　　B. 蓄电池容量校验
    C. 蓄电池安装　　　　　　　D. 蓄电池导线连接
11. 下列架空电力线路施工工序中，属于"导线、地线架设"紧后工序的是（　　）。
    A. 拉线、接地线制作安装　　B. 线路设备安装
    C. 线路绝缘、耐压试验检查　D. 填写施工记录
12. 下列杆塔组立螺栓的穿入方向，对立体结构为（　　）。
    A. 水平方向由内向外，垂直方向由下向上
    B. 水平方向由内向外，垂直方向由上向下
    C. 水平方向由外向内，垂直方向由下向上
    D. 水平方向由外向内，垂直方向由上向下
13. 关于线路单横担安装的说法，错误的是（　　）。
    A. 直线杆应装于受电侧　　　B. 分支杆应装于拉线侧
    C. 90°转角杆应装于受电侧　D. 终端杆应装于拉线侧
14. 绝缘子安装，一般情况耐张串上的弹簧销子、螺栓及穿钉应（　　）。
    A. 由下向上穿　　　　　　　B. 由上向下穿
    C. 由左向右穿　　　　　　　D. 由右向左穿
15. 10kV 及以下架空电力线路的导线连接，当采用缠绕方法时，连接部分的线股应缠绕良好，不应有断股、松股等缺陷；在同一档距内，同一根导线上的接头不应超过（　　）个；导线接头位置与导线固定处的距离应大于（　　）m。
    A. 2，0.5　　　　　　　　　B. 2，1
    C. 1，0.5　　　　　　　　　D. 1，1
16. 关于 10kV 及以下架空电力线路紧线及弛度观测的说法，正确的是（　　）。
    A. 采用两线法紧线，利用等边三角形法观测导线弛度
    B. 采用两线法紧线，利用平行四边形法观测导线弛度
    C. 采用三线法紧线，利用等边三角形法观测导线弛度
    D. 采用三线法紧线，利用平行四边形法观测导线弛度
17. 下列导线在绝缘子上的固定方式中，属于在"转角杆针式绝缘子上固定"的是（　　）。
    A. 终端绑扎法　　　　　　　B. 侧绑法

C．固定导线法　　　　　　D．顶绑法

18．下列铁路电力工程电缆线路施工工序中，属于"电缆管煨制安装"紧后工序的是（　　）。

A．电缆终端、中间接头制作　　B．电缆绝缘电气试验
C．隐蔽工程检查　　　　　　　D．沟底标高测量检查

19．接地网及接地母线安装结束后，应使用（　　）测试接地电阻，测试值必须符合设计规定。

A．万用表　　　　　　　　B．接地电阻测试仪
C．兆欧表　　　　　　　　D．钳流表

20．基础混凝土养护期间，当气温低于（　　）时不得露天浇水养护，而应采取暖棚养护方法。

A．0℃　　　　　　　　　B．2℃
C．3℃　　　　　　　　　D．5℃

21．油浸变压器在运输中倾斜角度不允许超过（　　）。

A．10°　　　　　　　　　B．15°
C．20°　　　　　　　　　D．30°

22．下列变、配电所内接地网及接地母线施工工序中，属于"水平接地体焊接及敷设"紧后工序的是（　　）。

A．接地体焊接　　　　　　B．接地母线安装
C．垂直接地体安装　　　　D．接地电阻测量

二　多项选择题

1．关于变压器运输、装卸、安装要求的说法，正确的有（　　）。

A．油浸变压器运输倾斜角度不得超过15°
B．在平整路面上用滚杠做短途运输时的速度不应超过0.9km/h
C．变压器宜采用机械吊装就位，吊装机械应与变压器重量匹配
D．注油完毕后，110kV及以下变压器静置12h，将各部位的残余气体排尽
E．充气运输的变压器在运输途中应保持气体压力在0.01～0.03MPa的正压

2．关于隔离开关及负荷开关安装与调整要求的说法，正确的有（　　）。

A．隔离开关的相间距离误差220kV及以上不应大于10mm
B．隔离开关、负荷开关的闭锁装置动作灵活、正确、可靠
C．跌落式熔断器的熔管轴线与铅垂线的夹角应为15°～30°
D．带有接地刀的隔离开关，主触头与接地刀间的机械或电气闭锁正确可靠
E．三相联动的隔离开关在分合闸时触头应同时接触，触头接触时的不同期值一般为：10～35kV小于5mm，63～110kV小于10mm，220～330kV小于20mm

3．关于母线涂刷相色漆和设置相色标志的要求，正确的有（　　）。

A．直流母线正极为蓝色

B．直流母线负极为赭色
C．交流接地母线为黑色
D．单相交流母线与引出相的颜色相同
E．三相交流母线：A相为黄色，B相为绿色，C相为红色

4．关于杆塔构件螺栓连接工艺要求的说法，正确的有（　　）。
A．螺杆应与构件面垂直，螺头平面与构件间不应有间隙
B．螺栓紧好后，螺杆丝扣露出的长度：单螺母不应少于两个螺距
C．立体结构螺栓穿入的方向是水平方向由内向外、垂直方向由下向上
D．对平面结构，顺线路方向，单面构件由送电侧穿入或按统一方向穿入
E．横线路方向，两侧由外向内，中间由左向右（面向受电侧）或是按统一方向穿入

5．架空线路的导线在绝缘子上的固定方法包括（　　）。
A．顶绑法　　　　　　　　B．终端绑扎法
C．耐张线夹固定法　　　　D．卡板固定法
E．夹板固定法

6．在铁路线路附近，常用的电缆敷设方式有（　　）等。
A．电缆拖车敷设　　　　　B．电缆夹层敷设
C．绞磨机牵引敷设　　　　D．电缆架空敷设
E．人工敷设

7．接地网由水平接地体和垂直接地体组成，水平接地体一般为（　　）。
A．镀锌扁钢　　　　　　　B．镀锌圆钢
C．镀锌角钢　　　　　　　D．铜包钢绞线
E．镀锌钢管

8．关于变（配）电所受电启动程序要求的说法，正确的有（　　）。
A．变压器第五次冲击后手动分闸
B．对每台变压器应进行5次冲击合闸试验
C．中性点接地的电力系统，冲击试验时变压器中性点必须接地
D．无功补偿装置的冲击合闸试验应进行三次，每次间隔10min
E．第二、三、四次冲击时，持续时间宜为5min，分别模拟保护动作分闸

7.2　电力牵引供电工程施工

> 复习要点

1．牵引变电所施工：包括牵引变电所施工流程、基础及构支架、防雷接地装置、变压器及互感器、牵引供电用高压电器、母线及绝缘子、电力电缆和回流电缆以及控制电缆、交直流电源装置、综合自动化系统及屏柜二次接线、辅助监控系统的技术要求等。

2．接触网施工：包括支柱与基础、拉线、支持装置、补偿装置、承力索架设、接

触线架设、中心锚结安装、定位装置、吊弦和弹性吊索、接触悬挂调整、电连接线、线岔、隔离开关、避雷器、分段绝缘器、电分相、附加悬挂、接地及回流、供电电缆、标志牌、支柱号码、静态检测等技术标准及施工要求。

3．供电调度系统施工：包括远动系统配置、远动系统施工、远动系统调试、安全监控系统、供电维护管理系统等技术标准及施工要求。

一　单项选择题

1．下列牵引变电所施工工序中，属于"盘柜安装、二次接线"紧后工序的是（　　）。

  A．电缆敷设及附件安装　　　　B．母线装置安装
  C．防雷接地装置及回流线缆安装　D．设备试验调试

2．在钢构架组立施工中，横梁应平直，弯曲度不应大于其对应长度的（　　），构架与设备支架应垂直，倾斜度不应大于其高度的（　　）。

  A．15‰，5‰　　　　　　　　　B．10‰，3‰
  C．5‰，5‰　　　　　　　　　　D．5‰，3‰

3．下列接地装置施工工序中，属于"垂直接地体安装"紧后工序的是（　　）。

  A．接地网沟回填　　　　　　　B．接体体连接
  C．接地网沟开挖　　　　　　　D．水平接地体布设

4．扁钢接地网及接地干线安装时，地中水平接地体与建筑物的距离不宜小于（　　）m。

  A．1　　　　　　　　　　　　　B．1.5
  C．2　　　　　　　　　　　　　D．2.5

5．变压器是利用电磁感应原理来改变交流电压的装置，主要功能除电流变换、阻抗变换、隔离、稳压外还应包括（　　）。

  A．电压变换　　　　　　　　　B．储存电能
  C．电容增加　　　　　　　　　D．功率提高

6．真空断路器主要包含三大部分，除电磁或弹簧操动机构和支架外还应包括（　　）。

  A．合闸线圈　　　　　　　　　B．真空灭弧室
  C．触头　　　　　　　　　　　D．电流互感器

7．下列牵引供电用高压电器中，主要用于"隔离电源、倒闸操作、用以连通和切断小电流电路"的是（　　）。

  A．隔离开关　　　　　　　　　B．高压断路器
  C．负荷开关　　　　　　　　　D．高压熔断器

8．下列电器设备具备的特点中，属于隔离开关的是（　　）。

  A．具有简单的灭弧装置，能切断额定负荷电流和一定的过载电流
  B．在铁路牵引供电系统中，主要用于所用变压器和故障判别装置系统中
  C．无灭弧能力，只能在没有负荷电流的情况下分、合电路

D. 最简单的保护电器，它用来保护电气设备免受过载和短路电流的损害

9. 电缆在电缆沟内敷设时，与控制电缆等应按设计要求分层敷设，并按顺序排列整齐。电缆自上而下的排列顺序为（　　）。

A. 高压电缆→控制电缆→低压电缆

B. 高压电缆→低压电缆→控制电缆

C. 低压电缆→控制电缆→高压电缆

D. 低压电缆→高压电缆→控制电缆

10. 当电缆敷设在长距离的直线电缆沟段时，应使用地辊轴进行牵拉，牵拉力不大于（　　）kN。

A. 5　　　　　　　　　　　　　B. 10

C. 15　　　　　　　　　　　　　D. 20

11. 下列盘柜及二次配线施工工序中，属于"电缆排把"紧前工序的是（　　）。

A. 盘柜接地　　　　　　　　　　B. 电缆牌绑扎

C. 电缆接地制作　　　　　　　　D. 电缆头制作

12. 辅助监控系统的施工步骤依次为：盘柜组立、检测元件安装、线槽布设及系统布线、配线和系统调试。其中关键工序是（　　）。

A. 系统调试　　　　　　　　　　B. 盘柜组立

C. 检测元件安装　　　　　　　　D. 线槽布设

13. 接触网支柱的侧面限界是指支柱靠线路一侧至线路中心线的垂直距离。它是为了确保行车的安全。支柱侧面限界任何时候不得小于（　　）mm。

A. 1440　　　　　　　　　　　　B. 1940

C. 2440　　　　　　　　　　　　D. 2940

14. 关于腕臂支持装置施工顺序的说法，正确的是（　　）。

A. 先进行底座安装，之后进行腕臂测量、腕臂计算、腕臂预配，最后进行腕臂安装

B. 先进行底座安装，之后进行腕臂测量、腕臂预配、腕臂计算，最后进行腕臂安装

C. 先进行腕臂测量，之后进行底座安装、腕臂计算、腕臂预配，最后进行腕臂安装

D. 先进行腕臂测量，之后进行底座安装、腕臂预配、腕臂计算，最后进行腕臂安装

15. 关于接触网吊弦安装要求的说法，正确的是（　　）。

A. 必须从中心锚结开始，向下锚方向连续、隔跨安装

B. 必须从中心锚结开始，向下锚方向连续、逐跨安装

C. 必须从下锚开始，向中心锚结方向连续、隔跨安装

D. 必须从下锚开始，向中心锚结方向连续、逐跨安装

16. 电连接线常用于股道间、锚段关节处、道岔处、开关引线、避雷器引线和供电上网引线位置。电连接线一般采用（　　）。

A. 铜合金绞线　　　　　　　　　B. 钢铝绞线

C．铝合金绞线　　　　　　　　D．软铜绞线

17．避雷器一般安装在绝缘锚段关节、电分相、长大隧道两端和所亭上网处，对接触网线路和供电设备进行过电压保护。目前采用较为广泛的避雷器是（　　）。

A．管型避雷器　　　　　　　　B．角隙避雷器
C．氧化锌避雷器　　　　　　　D．阀型避雷器

18．调度中心对被控站联调时，调度中心调试人员和调试小组同时展开工作，根据已经审核批准的点表进行远动调试。调试的顺序是（　　）。

A．遥控→遥测→遥信→遥调　　B．遥控→遥信→遥测→遥调
C．遥调→遥控→遥测→遥信　　D．遥调→遥信→遥测→遥控

二、多项选择题

1．关于牵引变电所基础浇筑及养护要求的说法，正确的有（　　）。

A．大型设备基础，宜一次连续浇筑完成，确保混凝土振捣密实
B．混凝土力学性能标准条件养护试件的试验龄期为28d
C．牵引变压器、组合电器、断路器基础各取两组试块
D．同条件养护法试件的逐日累积温度为560℃·d
E．养护龄期不应小于14d，也不宜大于60d

2．关于牵引变电所钢构架组立要求的说法，正确的有（　　）。

A．横梁应平直，弯曲度不应大于其对应长度的5‰
B．构架与设备支架应垂直，倾斜度不应大于其高度的3‰
C．同一轴线上安装的构架及支架电杆的偏移不应大于30mm
D．所用紧固件符合设计要求，镀锌层完整，无锈蚀现象
E．在调整中用经纬仪测量，如有误差，可通过垫块调整

3．关于扁钢接地网及接地干线安装要求的说法，正确的有（　　）。

A．各连接点应加焊"T"形连接条
B．地中水平接地体与建筑物的距离不宜小于2.5m
C．接地母线下沿至地面间距离应符合设计图纸的要求
D．接地网沟深度不宜小于0.7m，人行过道处不应小于1m
E．室内接地母线（干线）应沿室内踢脚线上方敷设

4．下列高压电器设备中，属于铁路牵引供电用的有（　　）。

A．高压断路器　　　　　　　　B．合闸线圈
C．隔离开关　　　　　　　　　D．高压熔断器
E．电流互感器

5．高压电器在高压线路中除实现关合、量测功能外还包括（　　）功能。

A．开断　　　　　　　　　　　B．保护
C．控制　　　　　　　　　　　D．调节
E．吹弧

6. 关于母线涂漆颜色规定的说法，正确的有（　　）。
   A．单相交流母线与引出相的颜色相同
   B．直流母线：正极为赭色，负极为蓝色
   C．三相交流母线：A 相为黄色，B 相为红色，C 相为绿色
   D．采用 AT 供电方式的电力牵引供电系统，变压器二次侧 A 相或 F 线或 M 座为黄色
   E．采用 AT 供电方式的电力牵引供电系统，B 相或 T 线或 T 座为绿色，N 线为紫色
7. 接触网预应力钢筋混凝土支柱分为横腹杆式和圆形等径支柱，钢支柱分为（　　）。
   A．格构式钢支柱　　　　　　B．H 型钢支柱
   C．横腹杆式钢支柱　　　　　D．T 型钢支柱
   E．圆形等径钢支柱
8. 我国接触网补偿装置分为（　　）。
   A．液压式　　　　　　　　　B．滑轮式
   C．棘轮式　　　　　　　　　D．弹簧式
   E．电动式
9. 接触网中心锚结种类可以分为（　　）。
   A．两跨式　　　　　　　　　B．防断型
   C．三跨式　　　　　　　　　D．防窜型
   E．防滑型
10. 接触网定位器按照结构分为（　　）。
    A．普通定位器　　　　　　　B．限位定位器
    C．特型定位器　　　　　　　D．软定位器
    E．硬定位器

7.3　通信工程施工

复习要点

1．**线路施工**：包括光（电）缆概述、通信线路施工技术、漏泄同轴电缆施工技术等内容。

2．**设备安装及调试**：包括设备安装、线杆塔及天馈线安装、铁路通信系统机房设备单机调试、铁路客服信息系统等技术标准及要求。

3．**系统安装及调试**：包括通信系统概述、铁路通信系统安装及调试施工技术、数字移动通信系统（GSM-R）施工技术、铁路客服信息系统施工技术等内容。

4．**防雷、接地施工**：包括光电缆雷电（强电）防护及接地、接地线施工技术、浪涌保护器施工技术等内容。

一、单项选择题

1. 光纤损耗系数随着波长而变化,第一代系统采用石英多模光纤,波长为850nm,最低损耗为( )dB/km。
   A. 2.5　　　　　　　　　　　B. 0.27
   C. 1.3　　　　　　　　　　　D. 0.16

2. 结构简单、制造工艺简捷,对光纤的保护优于其他结构的光缆是( )。
   A. 层绞式光缆　　　　　　　　B. 中心束管式光缆
   C. 骨架式光缆　　　　　　　　D. 蝶形光缆

3. 下列光(电)缆线路施工工序中,属于"光电缆敷设"紧后工序的是( )。
   A. 径路复测　　　　　　　　　B. 单盘检验及配盘
   C. 光电缆检测　　　　　　　　D. 光电缆接续及引入

4. 平行于公路的直埋光电缆距公路面、排水沟边沿不得小于( )m。
   A. 1　　　　　　　　　　　　B. 1.5
   C. 2　　　　　　　　　　　　D. 2.5

5. 关于光电缆在槽道内接续时,接头余留要求的说法,正确的是( )。
   A. 光缆宜做"V"余留　　　　　B. 光缆宜做"Ω"余留
   C. 光缆宜做"⌒"余留　　　　　D. 光缆宜做圈形余留

6. 通信网按铁路运营方式可分为( )。
   A. 公用通信网和专用通信网　　B. 固定网和移动网
   C. 模拟通信网和数字通信网　　D. 广域网、城域网和局域网

7. 数字移动通信系统(GSM-R)需进行接口性能调试,其中PCU与SGSN之间的接口为( )。
   A. Un接口　　　　　　　　　　B. Gb接口
   C. Fa接口　　　　　　　　　　D. Um接口

8. 光纤通信选用的波长范围为800~1800nm,并称800~900nm为短波长波段,主要有850nm一个窗口;1300~1600nm为长波长波段,主要有( )两个窗口。
   A. 1300nm和1540nm　　　　　B. 1310nm和1550nm
   C. 1320nm和1560nm　　　　　D. 1330nm和1570nm

二、多项选择题

1. 按敷设方式和运行条件分类,光缆可分为( )等。
   A. 隧道光缆　　　　　　　　　B. 桥梁光缆
   C. 架空光缆　　　　　　　　　D. 管道光缆
   E. 水底光缆

2. 关于骨架式光缆优点的说法,正确的有( )。
   A. 光纤密度大,可上千芯至数千芯

B．结构紧凑、缆径小，适用于管道布放
C．光缆截面小、重量轻，特别适宜于架空敷设
D．对光纤具有良好的保护性能，侧压强度好
E．施工接续中无须清除阻水油膏，接续效率高

3. 按电缆的绝缘材料和绝缘结构分类，电缆可分为（　　）。
   A．实心聚乙烯电缆　　　　　B．泡沫聚乙烯电缆
   C．聚乙烯垫片绝缘电缆　　　D．钢丝钢带铠装电缆
   E．泡沫实心皮聚乙烯绝缘电缆

4. 关于光缆余留的说法，正确的有（　　）。
   A．光缆做接头后余留 3～5m
   B．光缆接头盒内光纤余留 1.2～1.6m
   C．光缆通过桥梁、隧道时，两端各余留 3～5m
   D．光缆引入中间站设备房屋时，引入口外两方向各余留 5m
   E．光缆引入通信站时，在房屋前人孔内或电缆引入室内两方向各余留 5m

5. 通信网按空间距离和覆盖范围可分为（　　）。
   A．广域网　　　　　　　　　B．城域网
   C．固定网　　　　　　　　　D．局域网
   E．防空网

7.4　信号工程施工

复习要点

1．光电缆线路施工：包括一般规定、光电缆径路复测控制要点、光电缆单盘测试及运输、光电缆敷设主要控制要点、信号电缆接续等内容。

2．转辙装置及道岔融雪装置安装：包括转辙机的分类、转辙装置施工、转辙装置安装施工流程、转辙设备安装检查条件、转辙机的安装调整技术条件和规定、道岔融雪装置等内容。

3．轨道电路施工：包括轨道电路在铁路信号系统中的作用、轨道电路的分类以及各类别的主要设备、轨道电路设备安装施工流程、轨道区段长度、机械绝缘节的设置规定、信号机与绝缘节设置规定等内容。

4．应答器及室外地面电子单元施工：包括应答器设置要求、应答器安装要求、应答器及室外地面电子单元施工流程等内容。

5．信号机施工：包括信号机的分类、信号机及表示器显示距离要求、高速铁路信号标志牌、信号机和信号标志牌的设置原则、地面固定信号及标志牌施工等内容。

6．设备安装及调试：包括铁路信号定义及概述、行车基本闭塞法、高速铁路信号主要系统、普速铁路信号主要系统、信号施工调试等内容。

7．防雷、接地施工：包括防雷接地一般规定、防雷接地施工流程、综合接地系统施工要求等内容。

一、单项选择题

1. 下列信号光（电）缆施工工序中，属于"光电缆接续"紧后工序的是（　　）。
   A．径路复测　　　　　　　　B．电缆成端
   C．光电缆敷设　　　　　　　D．光电缆测试

2. 关于信号电缆敷设对弯曲半径要求的说法，错误的是（　　）。
   A．应答器尾缆弯曲半径不得小于电缆外径的10倍
   B．内屏蔽数字电缆弯曲半径不得小于电缆外径的20倍
   C．综合护套信号电缆弯曲半径不得小于电缆外径的20倍
   D．应答器数据传输电缆弯曲半径不得小于电缆外径的20倍

3. 下列转辙装置施工工序中，属于"转辙机及杆件安装"紧后工序的是（　　）。
   A．配合轨道确定安装条件　　B．外锁闭及安装装置安装
   C．单机机械调整试验　　　　D．密贴检查器、锁闭检查器安装

4. 接地引接线与贯通地线连接，有预留端子时可采用（　　）连接。
   A．焊接方式　　　　　　　　B．"T"形压接方式
   C．栓接方式　　　　　　　　D．"V"形压接方式

二、多项选择题

1. 关于电缆余留量要求的说法，正确的有（　　）。
   A．室外电缆余留应成"Ω"形布放
   B．室外电缆进入室内的余留量不得小于5m
   C．桥隧两端及线路两侧的手孔、人井处应设余留量
   D．室外主干电缆采用直埋方式时每端余留量不得小于2m
   E．电缆地下接续时，接续点每端电缆留足一次接续的余留量

2. 关于自动开闭器安装要求的说法，正确的有（　　）。
   A．绝缘座安装牢固、完整、无裂纹
   B．动接点与静接点座间隙不小于3mm
   C．用手扳动接点，其摆动量不应大于1mm
   D．动接点在接点组内的接触深度不小于6mm
   E．动接点环的断电距离不应小于2.5mm，与另一侧接点距离不应小于2.0mm

【参考答案】

【7.1　参考答案】
一、单项选择题
1. B；　2. D；　3. C；　4. A；　5. C；　6. B；　7. D；　8. B；
9. C；　10. A；　11. B；　12. A；　13. C；　14. B；　15. C；　16. D；

17. B； 18. C； 19. B； 20. D； 21. B； 22. A

二、多项选择题

1. A、B、C、E； 2. B、D、E； 3. C、D、E； 4. A、B、C、D；
5. A、B、C； 6. A、C、E； 7. A、B、D； 8. A、B、C、E

【7.2 参考答案】

一、单项选择题

1. C； 2. D； 3. B； 4. B； 5. A； 6. B； 7. A； 8. C；
9. B； 10. C； 11. D； 12. A； 13. C； 14. A； 15. B； 16. D；
17. C； 18. B

二、多项选择题

1. A、B、E； 2. A、B、D； 3. C、D、E； 4. A、C、D；
5. A、B、C、D； 6. A、B、D、E； 7. A、B、E； 8. B、C、D；
9. B、D； 10. A、B、C、D

【7.3 参考答案】

一、单项选择题

1. A； 2. B； 3. D； 4. A； 5. C； 6. A； 7. B； 8. B

二、多项选择题

1. A、C、D、E； 2. A、B、D、E； 3. A、B、C、E； 4. B、C、E；
5. A、B、D

【7.4 参考答案】

一、单项选择题

1. B； 2. C； 3. D； 4. C

二、多项选择题

1. B、D、E； 2. A、B、C、E

第2篇 铁路工程相关法规与标准

第8章 相关法规

8.1 相关法律法规规章

微信扫一扫
在线做题+答疑

复习要点

1. **铁路法相关规定**：包括铁路建设、铁路安全与保护等规定和要求。
2. **铁路安全管理条例相关规定**：包括铁路建设质量安全、铁路线路安全等规定和要求。
3. **铁路交通事故应急救援和调查处理条例相关规定**：包括事故等级分类、事故报告要求等内容。
4. **铁路建设工程招标投标管理相关规定**：包括招标、投标、开标、评标和中标以及监督管理等内容。
5. **铁路建设工程勘察设计管理相关规定**：包括工程勘察、设计文件编制、设计文件审查、设计文件实施等规定和要求。
6. **铁路建设工程安全管理相关规定**：包括施工单位应重点做好的安全管理工作内容。
7. **铁路建设工程质量管理相关规定**：包括施工单位应重点做好的质量管理工作内容。
8. **铁路竣工验收相关规定**：包括竣工验收、竣工验收监督等规定和要求。

一、单项选择题

1. 按照《中华人民共和国铁路法》规定，我国铁路分为国家铁路、地方铁路、（　　）和铁路专用线。
   A. 合资铁路　　　　　　　B. 合营铁路
   C. 专用铁路　　　　　　　D. 专营铁路

2. 在城市规划区内设置平交道口，由（　　）和城市规划主管部门共同决定。
   A. 铁路设计企业　　　　　B. 铁路运输企业
   C. 铁路施工企业　　　　　D. 铁路监管部门

3. 在铁路线路路堤坡脚、路堑坡顶、铁路桥梁外侧起向外各（　　）m范围内，以及在铁路隧道上方中心线两侧各（　　）m范围内，确需从事露天采矿、采石或者爆破作业的，应当与铁路运输企业协商一致，依照有关法律法规的规定报县级以上地方人民政府有关部门批准，采取安全防护措施后方可进行。

  A．1000，800   B．1000，1000

  C．800，1000   D．800，800

4．高速铁路线路路堤坡脚、路堑坡顶或者铁路桥梁外侧起向外各（　　）m 范围内禁止抽取地下水。

  A．100   B．150

  C．200   D．250

5．在铁路线路上架设电力、通信线路，埋置电缆、管道设施，穿凿通过铁路路基的地下坑道，必须经（　　）同意，并采取安全防护措施。

  A．当地人民政府   B．铁路产权单位

  C．工程建设单位   D．铁路运输企业

6．根据事故造成的人员伤亡、直接经济损失、列车脱轨辆数、中断铁路行车时间等情形，划分事故等级，造成10人以上50人以下重伤的情形，属于（　　）。

  A．特别重大事故   B．重大事故

  C．较大事故   D．一般事故

7．资格预审申请人对资格预审结果有异议的，可以自收到或者应当收到资格预审结果通知书后（　　）日内提出。招标人应当自收到异议之日起（　　）日内作出答复，异议答复应当列明事实和依据；作出答复前，应当暂停招标投标活动。

  A．2，3   B．3，3

  C．2，5   D．3，5

8．依法必须进行招标的铁路工程建设项目，招标人应当在发布资格预审公告或者招标公告前（　　）个工作日内向铁路工程建设项目招标投标行政监管部门备案。

  A．7   B．14

  C．9   D．18

9．招标人应当在收到评标委员会评标报告之日起（　　）日内公示中标候选人，公示期不得少于（　　）日。

  A．3，3   B．3，5

  C．5，3   D．5，5

10．负责全国铁路工程建设项目招标投标活动的监督管理工作的单位是（　　）。

  A．国铁集团   B．国家铁路局

  C．地方政府   D．铁路建设单位

11．铁路建设项目实行施工（工程）总承包的，由（　　）对施工现场安全生产负总责。

  A．总承包单位   B．工程监理单位

  C．专业分包单位   D．劳务分包单位

12．铁路建设工程安全风险管理中规定，工程实施阶段安全风险管理的责任单位和实施主体是（　　）。

  A．建设单位   B．设计单位

  C．监理单位   D．施工单位

13. 发生铁路建设工程质量事故，应当依据国家相关规定调查处理。下列事故调查处理应当执行《铁路交通事故应急救援和调查处理条例》的是（　　）。

　　A．因质量事故造成人员伤亡并导致公路行车中断
　　B．因质量事故造成人员伤亡未导致公路行车中断
　　C．因质量事故造成人员伤亡并导致铁路行车中断
　　D．因质量事故造成人员伤亡未导致铁路行车中断

二 多项选择题

1. 铁路线路两侧应当设立铁路线路安全保护区。关于铁路线路安全保护区的范围，从铁路线路路堤坡脚、路堑坡顶或者铁路桥梁（含铁路、道路两用桥）外侧起向外的距离要求的说法，正确的有（　　）。

　　A．城市市区高速铁路为 10m，其他铁路为 8m
　　B．其他地区高速铁路为 20m，其他铁路为 15m
　　C．村镇居民居住区高速铁路为 15m，其他铁路为 10m
　　D．村镇居民居住区高速铁路为 15m，其他铁路为 12m
　　E．城市郊区居民居住区高速铁路为 12m，其他铁路为 10m

2. 下列行为中，属于危害电气化铁路设施，禁止实施的有（　　）。

　　A．触碰电气化铁路接触网
　　B．向电气化铁路接触网抛掷物品
　　C．攀登铁路电力线路杆塔或者在杆塔上架设、安装其他设施设备
　　D．在铁路电力线路杆塔、拉线周围 30～50m 范围内取土、打桩、钻探
　　E．在铁路电力线路导线两侧各 500m 的范围内升放气球等低空飘浮物体

3. 根据《铁路交通事故应急救援和调查处理条例》，下列情形中，属于较大事故的有（　　）。

　　A．造成 3 人以上 10 人以下死亡的
　　B．造成 10 人以上 50 人以下重伤的
　　C．客运列车脱轨 2 辆以上 18 辆以下的
　　D．货运列车脱轨 6 辆以上 60 辆以下的
　　E．货运列车脱轨 10 辆并中断繁忙干线铁路行车 24h 以上的

4. 评标委员会应当否决投标的情形有（　　）。

　　A．投标联合体没有提交共同投标协议
　　B．投标文件未经投标单位盖章和单位负责人签字
　　C．投标人不符合国家或者招标文件规定的资格条件
　　D．投标文件已对招标文件的实质性要求和条件作出响应
　　E．投标报价低于成本或者高于招标文件设定的最高投标限价

5. 依法必须进行招标的铁路工程建设项目资格预审公告或者招标公告应当载明的内容有（　　）。

　　A．投标资格能力要求

B．资格审查委员会成员名单
C．获取资格预审文件的时间
D．招标项目名称、内容、范围
E．递交资格预审文件的截止时间

6．铁路工程建设项目投标对投标人的要求有（　　）。
A．具备承担招标项目的能力
B．按照招标文件的要求编制投标文件
C．不得以银行保函方式提交投标保证金
D．具备招标文件规定和国家规定的资格条件
E．在投标文件中载明中标后拟分包的工程内容

7．施工单位使用承租的机械设备和施工机具及配件的，由（　　）共同进行验收，验收合格方可使用。
A．施工单位　　　　　　　　B．分包单位
C．出租单位　　　　　　　　D．运输单位
E．安装单位

8．关于施工单位质量管理责任和义务的说法，正确的有（　　）。
A．实行总承包的，总承包单位应当对全部建设工程质量负责
B．施工单位不得超越本单位资质许可的业务范围承揽铁路建设工程
C．以联合体形式承包的，联合体各方就承包工程质量承担连带责任
D．总承包单位依法将工程分包给其他单位的，分包单位对工程质量负责
E．施工单位应当建立质量责任制，建立健全质量管理体系和管理制度

8.2　相关规范性文件

> 复习要点

1．铁路工程建设领域信用体系建设相关规定：包括铁路建设项目施工企业信用评价、铁路工程建设失信行为认定记录公布管理等规定和要求。

2．铁路建设工程施工管理相关规定：包括合同、技术、质量、安全、环境保护等管理要求。

3．铁路建设项目施工分包管理相关规定：包括专业工程分包和劳务作业分包管理要求。

4．铁路建设项目变更设计管理相关规定：包括变更设计分类、Ⅰ类变更设计程序、Ⅱ类变更设计程序、变更设计费用、变更设计管理、责任追究等规定和要求。

> 一　单项选择题

1．根据《铁路建设项目施工企业信用评价办法》，下列行为中，属于较大不良行为的是（　　）。

A．未编或编制的作业指导书不符合要求的
B．路基地基处理桩长不足或换填深度不够的
C．隐蔽工程未经检验合格而进入下一道工序的
D．特种作业人员或其他关键岗位作业人员无证上岗作业的

2．根据《铁路建设项目施工企业信用评价办法》中现场质量安全问题扣分表，路基施工存在地基处理、路基填筑未按规定进行相关工艺性试验并报批确认即进行正式施工的行为，每项应扣（　　）分。
A．1.0　　　　　　　　　　B．1.5
C．2.0　　　　　　　　　　D．2.5

3．根据《铁路建设项目施工企业信用评价办法》中施工管理扣分表，下列检查内容中，属于合同管理的是（　　）。
A．问题闭合管理情况
B．作业标准、作业指导书
C．主要人员、设备履约情况
D．大型起重、吊运、机械检验验收情况

4．根据《铁路建设项目施工企业信用评价办法》中信用评价抢险加分标准，下列抢险条件中，属于抢险加分申请项目的是（　　）。
A．山体滑坡 8000m³　　　　B．路堑边坡溜坍 900m³
C．中断行车时间 5h　　　　D．桥梁墩台倾斜超限、冲倒

5．变更设计必须坚持（　　）原则，严格依法按程序进行变更设计，严禁违规进行变更设计。
A．"先批准、后实施，先设计、后施工"
B．"先批准、后设计，先审核、后施工"
C．"先批准、后实施，先设计、后审核"
D．"先批准、后审核，先设计、后施工"

6．Ⅰ类变更设计文件一般应在会审纪要下发后（　　）日内完成，特殊情况下Ⅰ类变更设计文件完成时间由建设单位商勘察设计单位确定。
A．20　　　　　　　　　　B．25
C．30　　　　　　　　　　D．35

7．Ⅱ类变更设计程序首先需提出变更设计建议，施工图审核合格并交付使用后需进行Ⅱ类变更设计的，由（　　）提出变更设计建议，填写《变更设计建议书》。
A．建设、施工单位等联合
B．建设、施工及监理单位等联合
C．施工、监理及勘察设计单位等联合
D．建设、施工、监理及勘察设计单位等均可

8．Ⅱ类变更设计中，建设单位组织勘察设计单位按确定的变更设计方案编制施工图。勘察设计单位一般应在《变更设计会审纪要》下发后（　　）日内完成施工图。
A．7　　　　　　　　　　　B．10
C．14　　　　　　　　　　D．15

9. 铁路工程变更设计中,(　　)应对Ⅰ类变更设计文件进行初审。
   A. 承包单位　　　　　　　　B. 监理单位
   C. 咨询单位　　　　　　　　D. 建设单位

二、多项选择题

1. 下列不良行为中,属于铁路项目信誉评价一般不良行为认定标准的有(　　)。
   A. 隐蔽工程未经检验合格而进入下一道工序的
   B. 未编制安全专项方案或未经评审的
   C. 不按规定使用和保管爆破器材的
   D. 使用未经检验原材料、构配件的
   E. 特种作业人员无证上岗作业的

2. 下列铁路出现的险情中,属于信用评价抢险加分项目的有(　　)。
   A. 路堤冲空　　　　　　　　B. 山体滑坡 8000m^3
   C. 中断行车时间 4h　　　　　D. 隧道衬砌严重开裂
   E. 路堑边坡溜坍 1 万 m^3

3. 下列分包行为属于违法分包工程的是(　　)。
   A. 分包企业将其承包的分包工程再分包
   B. 将劳务作业分包给具有相应资质的劳务承包企业
   C. 将施工总承包合同范围内工程主体结构的施工分包给其他单位的
   D. 将专业工程或者劳务作业分包给不具备相应资质条件的分承包企业
   E. 在总承包合同中没有约定,又未经建设单位的认可,将承包的部分专业工程分包给他人

4. 对初步设计审批内容进行变更且符合下列条件之一者为Ⅰ类变更设计,以下属于Ⅰ类变更设计条件的有(　　)。
   A. 变更批准的建设规模、主要技术标准、重大方案、重大工程措施
   B. 变更初步设计批复主要专业设计原则的
   C. 建设项目投资超出初步设计批准总概算的
   D. 国家相关规范、规定重大调整的
   E. 调整初步设计批准节点工期的

5. 下列变更设计程序中,属于Ⅱ类变更设计程序的有(　　)。
   A. 提出变更设计建议　　　　B. 会审变更设计方案
   C. 初审变更设计文件　　　　D. 确定变更设计方案
   E. 审核下发变更施工图

6. 关于变更设计费用的说法,正确的有(　　)。
   A. Ⅰ类变更设计概算报送铁路主管部门审批
   B. Ⅰ类及Ⅱ类变更设计均需计取勘察设计费
   C. 因责任原因引起的变更设计由责任方承担费用
   D. Ⅱ类变更设计引起的工程费由建设单位组织审定

E．非责任原因的属于不可抗力的按合同约定处理
7. 下列关于变更设计管理的说法，正确的有（　　）。
   A．工管中心对变更设计违规行为提出处罚建议
   B．初步设计审查部门负责Ⅰ类变更设计审查工作
   C．建设单位必须加强对变更设计工作的组织管理
   D．勘察设计单位应做好施工过程中地质资料确认工作
   E．施工单位应完善内部地质勘探及变更设计管理制度
8. 变更设计归档资料包括（　　）。
   A．变更意向书　　　　　　　B．变更设计建议书
   C．现场确认意见和影像资料　D．变更设计会审纪要
   E．变更设计通知单

【参考答案】

【8.1　参考答案】
一、单项选择题
1. C；　2. B；　3. B；　4. C；　5. D；　6. C；　7. B；　8. A；
9. A；　10. B；　11. A；　12. D；　13. C
二、多项选择题
1. A、B、D、E；　2. A、B、C、E；　3. A、B、C、D；　4. A、B、C、E；
5. A、C、D、E；　6. A、B、D、E；　7. A、C、E；　8. A、B、C、E

【8.2　参考答案】
一、单项选择题
1. B；　2. C；　3. C；　4. D；　5. A；　6. C；　7. D；　8. B；
9. D
二、多项选择题
1. A、B、E；　2. A、D；　3. A、C、D、E；　4. A、B、C、D；
5. A、D、E；　6. A、C、D、E；　7. A、B、C；　8. B、C、D、E

第9章 相关标准

9.1 技术标准

复习要点

微信扫一扫
在线做题+答疑

1. 铁路工程设计规范相关规定： 包括铁路路基、桥涵、隧道、轨道、通信、信号、电力、电力牵引供电以及高速铁路设计规范等内容。

2. 铁路工程施工技术规程相关规定： 包括高速铁路及客货共线路基、桥涵、隧道、轨道、通信、信号、电力、电力牵引供电技术相关规定。

3. 铁路工程施工安全技术规程相关规定： 包括铁路工程基本作业、路基工程、桥涵工程、隧道工程、轨道工程、通信工程、信号工程、电力工程、电力牵引供电工程施工安全技术要求。

4. 铁路工程施工质量验收标准相关规定： 包括新建和改建设计速度为200km/h及以下铁路和新建高速铁路工程质量验收标准。

一 单项选择题

1. 下列章节目录中，属于"铁路信号设计规范"的是（　　）。
   A. 专用应急通信　　　　　　B. 综合网络管理
   C. 道岔融雪装置　　　　　　D. 综合视频监控

2. 下列铁路工程施工技术规程中，章节目录包含"混凝土连续梁、连续刚构"的是（　　）。
   A. 高速铁路路基工程施工技术规程
   B. 高速铁路桥涵工程施工技术规程
   C. 高速铁路隧道工程施工技术规程
   D. 高速铁路轨道工程施工技术规程

二 多项选择题

1. 下列铁路设计规范中，章节目录包含"设计荷载"的有（　　）。
   A. 铁路路基设计规范　　　　B. 铁路桥涵设计规范
   C. 铁路隧道设计规范　　　　D. 铁路轨道设计规范
   E. 铁路通信设计规范

2. 下列章节目录中，属于"铁路隧道工程施工安全技术规程"的有（　　）。
   A. 超前地质预报　　　　　　B. 无缝线路铺设
   C. 弃渣与运输　　　　　　　D. 无砟道床施工
   E. 支护与加固

9.2 造价标准

复习要点

1. 铁路基本建设工程设计概（预）算编制相关规定： 包括费用项目组成、费用内容及计算方法等相关规范要求。

2. 铁路工程工程量清单规范相关规定： 包括工程量计算规则、工程（工作）内容、分章说明等相关规范要求。

一 单项选择题

1. 下列费用中，属于概（预）算费用项目直接工程费的是（　　）。
   A. 价差预备费　　　　　　　B. 价外运杂费
   C. 设备运杂费　　　　　　　D. 安全生产费

2. 下列施工机械台班费用中，属于"在规定的耐用总台班内，陆续收回其预算价格的费用"的是（　　）。
   A. 折旧费　　　　　　　　　B. 检修费
   C. 维护费　　　　　　　　　D. 安装拆卸费

3. 工程量以面积计量时，其面积按设计图示尺寸计算，不扣除各类井和在（　　）m² 及以下的构筑物所占的面积。
   A. 1.0　　　　　　　　　　　B. 1.5
   C. 2.0　　　　　　　　　　　D. 2.5

4. 根据《铁路工程工程量清单规范》TZJ 1006—2020，非预应力钢筋计算重量包括（　　）。
   A. 搭接钢筋　　　　　　　　B. 接头套筒
   C. 架立钢筋　　　　　　　　D. 绑扎材料

二 多项选择题

1. 下列费用类别中，属于静态投资费用种类的有（　　）。
   A. 建筑工程费　　　　　　　B. 基本预备费
   C. 安装工程费　　　　　　　D. 设备购置费
   E. 建设期投资贷款利息

2. 概（预）算费用中人工费包括（　　）。
   A. 基本工资　　　　　　　　B. 津贴和补贴
   C. 差旅交通费　　　　　　　D. 职工福利费
   E. 生产工人劳动保护费

3. 概（预）算费用中施工机械使用费包括（　　）等。
   A. 折旧费　　　　　　　　　B. 检验试验费

C. 经常修理费　　　　　　　D. 安装拆卸费
E. 燃料动力费

4. 根据《铁路工程工程量清单规范》TZJ 1006—2020，隧道正洞施工工法分为（　　），不同工法按地质围岩分级设置清单子目。

A. 明挖法施工　　　　　　　B. 盾构法施工
C. 钻爆法施工　　　　　　　D. 沉管法施工
E. TBM 法施工

【参考答案】

【9.1　参考答案】
一、单项选择题
1. C;　　2. B
二、多项选择题
1. A、B、C;　　2. A、C、E

【9.2　参考答案】
一、单项选择题
1. B;　　2. A;　　3. A;　　4. C
二、多项选择题
1. A、B、C、D;　　2. A、B、D、E;　　3. A、C、D、E;　　4. B、C、E

第 3 篇　铁路工程项目管理实务

第 10 章　铁路工程企业资质与施工组织

10.1　铁路工程企业资质

复习要点

1. **设计企业资质**：包括设计资质的分类、设计资质主要专业技术人员配备、铁路行业建设项目设计规模划分及承揽范围的规定和要求。

2. **施工企业资质**：包括铁路工程施工总承包资质、铁路工程专业承包资质的规定和要求。

3. **监理企业资质**：包括工程监理企业的资质等级标准、工程监理企业资质相应许可的业务范围的规定和要求。

一　单项选择题

1. 根据铁道行业工程设计主要专业技术人员配备要求，工程经济专业配置的注册专业是（　　）。
   A. 电气　　　　　　　　B. 机械
   C. 造价　　　　　　　　D. 岩土

2. 根据铁路行业建设项目设计规模划分标准，新建铁路综合项目大型规模标准是（　　）。
   A. 普通铁路≥100km　　　B. 100～50（含50）km
   C. 50～10km　　　　　　D. ≤10km

3. 根据铁路行业建设项目设计规模划分标准，下列铁路建设项目专业中，不属于专业项目的是（　　）。
   A. 路基　　　　　　　　B. 桥梁
   C. 隧道　　　　　　　　D. 电气化

4. 根据铁路工程施工总承包资质标准，关于特级资质标准企业注册资信能力的说法，正确的是（　　）。
   A. 企业净资产3亿元以上
   B. 企业注册资本金2.6亿元以上
   C. 企业银行授信额度近三年均在3亿元以上
   D. 企业近三年上缴建筑业营业税均在5000万元以上

二 多项选择题

1. 根据铁道行业工程设计主要专业技术人员配备要求，通信信号设置的专业有（　　）。
   A. 通信　　　　　　　　B. 施工组织
   C. 信号　　　　　　　　D. 工程经济
   E. 机务

2. 根据铁路行业建设项目设计规模划分标准，下列铁路建设项目专业中，属于专业项目的有（　　）。
   A. 路基　　　　　　　　B. 桥梁
   C. 隧道　　　　　　　　D. 电气化
   E. 轨道

3. 根据铁路工程施工企业资质标准，下列企业工程业绩中，符合一级资质标准要求的有（　　）。
   A. 2座全长1000m以上铁路隧道
   B. 累计100km以上Ⅰ级铁路综合工程
   C. 3座单跨32m且桥长100m以上的铁路桥梁
   D. 2个单项合同额5000万元以上新建或改建站场
   E. 1个单项合同额1亿元以上的总承包铁路综合工程

4. 根据铁路工程施工企业资质标准，铁路工程专业承包资质有（　　）。
   A. 铁路路基工程专业承包资质
   B. 铁路电务工程专业承包资质
   C. 铁路隧道工程专业承包资质
   D. 铁路电气化工程专业承包资质
   E. 铁路铺轨架梁工程专业承包资质

10.2 施工区段划分与项目组织机构设置

复习要点

1. **施工区段划分**：包括施工区段划分的作用、施工区段划分的基本要求、施工区段划分的方法等内容。

2. **项目组织机构设置**：包括设置原则、组织机构的设置、项目主要管理人员及部门设置、架子队的组建及人员配置等内容。

一、单项选择题

1. 关于施工区段划分作用的说法，正确的是（　　）。
   A．便于划分管理层次　　　　B．便于现场考核兑现
   C．便于资源优化配置　　　　D．便于材料计划编制

2. 按照施工组织高效、施工任务均衡、资源配置合理的原则划分区段，同一施工区段内施工宜采用（　　）的组织方式。
   A．平行作业　　　　　　　　B．流水作业
   C．交叉作业　　　　　　　　D．顺序作业

3. 关于施工区段划分要求的说法，错误的是（　　）。
   A．按照施工组织高效、施工任务均衡、资源配置合理的原则划分区段
   B．考虑大型站房、特长隧道、特大桥梁、"四电"等专业化施工的因素
   C．同一施工区段内施工宜采用平行作业的组织方法
   D．有利于工程质量、施工安全和进度的控制

4. 编制施工组织机构、劳动力计划的前提是（　　）。
   A．施工队伍配置　　　　　　B．施工机械配置
   C．工程材料采购　　　　　　D．施工区段划分

5. 关于铁路建设项目架子队组建程序的说法，错误的是（　　）。
   A．公司根据中标工程任务等情况，确定架子队数量及人员规模
   B．架子队根据项目经理部指定的作业任务合理设置作业班组
   C．项目经理部在工程开工前应明确架子队内部机构设置
   D．项目计划合同部与劳务承包企业签订劳务承包合同

二、多项选择题

1. 关于现场组织机构设置的说法，正确的有（　　）。
   A．一般为三个层次
   B．与管理跨度的大小有关
   C．包括项目管理层和施工队伍管理层
   D．可根据工程任务的多少划分若干层次
   E．包括项目管理层、分部管理层和工班

2. 施工区段划分要考虑的因素包括（　　）。
   A．行政区划　　　　　　　　B．工程量分布
   C．机械调配　　　　　　　　D．土石方调配
   E．材料运输

3. 架子队作业人员组织形式有（　　）。
   A．混编型　　　　　　　　　B．纯劳务型
   C．专业承包型　　　　　　　D．纯派遣型

E．劳务承包型

10.3 施工组织设计

> **复习要点**

1．施工组织设计内容： 包括实施阶段施工组织设计文件组成内容、指导性施工组织设计主要内容、实施性施工组织设计主要内容等。

2．施工组织设计编制方法： 包括施工组织设计编制要求、施工组织设计编制步骤等内容。

3．施工资源的配置： 包括施工资源的配置原则、劳动力配置计划、材料供应计划、施工机械设备配置计划、检测仪器配置计划的编制要求。

一 单项选择题

1．根据铁路工程施工组织设计分类标准，可行性研究阶段需开展的工作是（　　）。
　　A．出具施工组织方案意见　　　B．编制指导性施工组织设计
　　C．出具施工组织设计意见　　　D．编制实施性施工组织设计
2．下列施工组织设计编制工作中，属于施工进度计划编制内容的是（　　）。
　　A．施工装备选择　　　　　　　B．施工顺序安排
　　C．关键线路安排　　　　　　　D．施工方法确定
3．施工组织设计应突出（　　）和联调联试及运行试验两条主线。
　　A．路基工程　　　　　　　　　B．隧道工程
　　C．桥梁工程　　　　　　　　　D．铺架工程

二 多项选择题

1．施工组织设计时施工方案编制的主要内容包括（　　）。
　　A．施工区段划分　　　　　　　B．施工顺序安排
　　C．施工方法确定　　　　　　　D．关键线路安排
　　E．施工装备选择
2．根据实施阶段施工组织设计文件组成内容表，大型临时设施设置方案包括（　　）。
　　A．混凝土集中拌和站　　　　　B．填料集中加工站
　　C．钢结构加工场　　　　　　　D．钢梁拼装场
　　E．接触网预配场
3．联调联试及运行试验线是统筹安排站后配套工程及各子系统调试的控制线，站后工程中重点要保证（　　）工期不能碰联调联试线。
　　A．铺轨　　　　　　　　　　　B．"四电"

C. 架梁 D. 房建
E. 站场设施

10.4 施工现场平面布置

复习要点

1. **总平面布置**：包括布置原则、布置内容、布置方法等内容。
2. **临时设施布置**：包括大型临时设施和过渡工程布置、其他临时设施布置方法等内容。

一、单项选择题

1. 关于隧道用水布置的说法，错误的是（   ）。
   A. 集中地段，一般采用管道铺通、逐点供水的布置形式
   B. 越岭隧道进出口，一般采用水车从水源运水至工地的形式
   C. 傍山隧道则视水源情况，采用系统供水或分别供水的形式
   D. 高位水池的布置，要满足水压要求，且靠近水源和洞口

二、多项选择题

1. 下列设施中，属于大型临时设施和过渡工程的有（   ）。
   A. 轨枕预制场   B. 钢结构加工场
   C. 仰拱预制场   D. 接触网预配场
   E. 轨节拼装场

【参考答案】

【10.1 参考答案】
一、单项选择题
1. C；   2. B；   3. A；   4. D
二、多项选择题
1. A、B、C、D；   2. B、C、D、E；   3. A、C、D；   4. B、D、E

【10.2 参考答案】
一、单项选择题
1. C；   2. B；   3. C；   4. A；   5. D
二、多项选择题
1. A、B；   2. A、B、D、E；   3. A、B、E

【10.3 参考答案】
一、单项选择题
1. A；　2. C；　3. D
二、多项选择题
1. A、B、C、E；　2. A、B、D；　3. B、D、E

【10.4 参考答案】
一、单项选择题
1. B
二、多项选择题
1. A、C、E

第 11 章 工程招标投标与合同管理

11.1 工程招标投标

微信扫一扫
在线做题＋答疑

复习要点

1．**招标管理**：包括物资采购分类、设备物资采购方式、采购业务流程等内容。
2．**投标管理**：包括一般要求、项目信息管理、铁路工程标书编制管理、铁路工程投标文件组成内容等。

一、单项选择题

1．由项目上级单位组织采购的物资属于（　　）。
　　A．甲供物资　　　　　　　B．集采物资
　　C．乙供物资　　　　　　　D．招采物资
2．国有资金占控股或者主导地位且单项合同估算价在（　　）万元人民币以上的设备物资采购应当依法公开招标。
　　A．100　　　　　　　　　　B．150
　　C．200　　　　　　　　　　D．250

二、多项选择题

1．下列铁路工程投标文件中，属于商务标内容的有（　　）。
　　A．投标保证金　　　　　　B．联合体协议书
　　C．项目组织机构　　　　　D．施工组织设计
　　E．资格审查资料

11.2 工程合同管理

复习要点

1．**合同管理要求**：包括合同签订、合同管理要求等内容。
2．**合同管理方法**：包括建设工程承包合同、劳务合同内容及管理方法。
3．**变更设计与索赔管理**：包括变更设计管理、索赔管理要求及方法。

一、单项选择题

1. 项目管理机构是合同管理主体，项目管理机构的合同归口管理部门是（   ）。
   A. 工程管理部　　　　　　　　B. 物资设备部
   C. 计划合同部　　　　　　　　D. 综合办公室

二、多项选择题

1. 铁路建设工程承包合同文件的组成包括（   ）。
   A. 招标文书　　　　　　　　　B. 合同协议书
   C. 中标通知书　　　　　　　　D. 投标函及投标函附录
   E. 技术标准和要求
2. 铁路工程实行总价承包，可调整合同价格的情形包括（   ）。
   A. 建设方案调整　　　　　　　B. 建设标准调整
   C. 建设规模调整　　　　　　　D. 施工组织调整
   E. 施工工艺改变
3. 总承包风险费是指由总承包单位为支付风险费用计列的金额，风险费用包括的内容有（   ）。
   A. 非不可抗力造成的损失及对其采取的预防措施费用
   B. 非发包人供应的材料、设备除政策调整以外的价差
   C. 实施性施工组织设计调整造成的损失和增加的措施费
   D. 工程保险费
   E. 非承包人原因引起的Ⅰ类变更设计
4. 关于劳务合同管理的说法，正确的有（   ）。
   A. 项目部应配备专（兼）职劳务管理人员，负责劳务企业用工主体资格、劳务人员劳动关系建立及工资发放等监管，按有关规定报上级和相关单位备案
   B. 公司和项目部在引入劳务承包企业与劳务派遣公司时，应检查验证劳务承包企业和劳务派遣公司与劳务人员签订的劳动合同
   C. 公司和项目部应监管劳务承包企业与劳务派遣公司的资质证照，确认其在履约期间始终具备合法、有效的用工主体资格，杜绝非法用工
   D. 项目部和架子队要落实劳务人员工伤和人身意外伤害保险，项目部及时为劳务人员缴纳社会保险
   E. 公司和项目部与零散劳务工签订的劳动合同须符合《中华人民共和国劳动法》的规定

【参考答案】

【11.1 参考答案】
一、单项选择题
1. B； 2. C
二、多项选择题
1. A、B、C、E

【11.2 参考答案】
一、单项选择题
1. C
二、多项选择题
1. B、C、D、E； 2. A、B、C； 3. A、B、C、D； 4. A、B、C、E

第 12 章 　施工进度管理

12.1 　施工组织进度计划的编制

复习要点

1．**施工顺序安排**：包括一般规定、施工作业组织形式、确定施工作业顺序的依据等内容。

2．**工期的计算**：包括施工进度计划编制原则、总工期的确定、单位工程工期计算等内容。

3．**进度计划图表的编制**：包括关键线路及各专业工程施工工期、相关图表绘制等内容。

一　单项选择题

1．进行施工作业组织时，将整个工程项目分解成若干个单位工程，按照一定的施工顺序，前一单位工程完成后，后一个单位工程才开始施工的作业方法是（　　）。

　　A．流水作业法　　　　　　　B．顺序作业法
　　C．交叉作业法　　　　　　　D．平行作业法

2．关于钻孔桩成桩时间计算公式的说法，正确的是（　　）。

　　A．成桩时间＝钻孔时间＋清孔时间＋下钢筋笼时间＋浇筑时间＋间歇时间＋搭接时间

　　B．成桩时间＝钻孔时间＋清孔时间＋下钢筋笼时间＋浇筑时间＋搭接时间－间歇时间

　　C．成桩时间＝钻孔时间＋清孔时间＋下钢筋笼时间＋浇筑时间＋间歇时间－搭接时间

　　D．成桩时间＝钻孔时间＋下钢筋笼时间＋浇筑时间＋间歇时间＋搭接时间－清孔时间

二　多项选择题

1．关于平行作业法的说法，正确的有（　　）。

　　A．施工作业不能实现专业化生产
　　B．会导致单位时间投入施工资源量成倍增长
　　C．由于工作面的影响，很可能造成部分工人窝工
　　D．可以充分利用工作面，争取时间、缩短施工工期
　　E．现场临时设施也相应增加，施工现场组织、管理复杂

2. 铁路工程常见施工进度计划图表有（　　）。
   A．横道图　　　　　　　　B．网络图
   C．垂直图　　　　　　　　D．树状图
   E．形象进度图

12.2　施工进度管理方法及控制措施

复习要点

1．施工进度管理方法：包括制定总工期和里程碑工期目标，编制实施性进度计划，明确关键线路，制定控制措施，周期性检查、分析、调控进度等内容。

2．施工进度控制措施：包括科学制定施工方案、合理安排施工顺序、施工进度优化等内容。

一　单项选择题

1. 在铁路工程项目站前工程施工中，线上工程工期主要是指（　　）的工期。
   A．路基工程　　　　　　　B．桥涵工程
   C．隧道工程　　　　　　　D．铺架工程

二　多项选择题

1. 铁路工程施工进度管理方法有（　　）。
   A．建立工期控制组织机构
   B．制定总工期和里程碑工期目标
   C．编制实施性进度计划
   D．明确关键线路，制定控制措施
   E．周期性检查、分析、调控进度
2. 铁路工程施工进度计划常用的编制表达方法有（　　）。
   A．网络图计划　　　　　　B．横道图计划
   C．形象图计划　　　　　　D．曲线图计划
   E．斜率图计划
3. 关于铁路工程工期的说法，正确的有（　　）。
   A．铺架工程属于站前工程但不属于线下工程
   B．只有线下工程完成后才可以进行铺架工程
   C．站后工程是指铺架工程及铺架后所要做的铁路工程
   D．站前工期是以轨道工程铺通并能行车为目标的工期
   E．站前工程工期包括钢轨（不含）以下的桥梁（不含机架梁）、隧道、路基、道砟工程施工工期

【参考答案】

【12.1 参考答案】
一、单项选择题
1. B; 　　2. C
二、多项选择题
1. A、B、D、E; 　　2. A、B、E

【12.2 参考答案】
一、单项选择题
1. D
二、多项选择题
1. B、C、D、E; 　　2. A、B、C、E; 　　3. A、B、D

第13章 施工质量管理

13.1 工程质量控制方法及措施

复习要点

1．工程质量控制方法： 包括总体要求、确定质量目标、编制质量计划、质量计划内容、质量计划的实施与验证、质量控制分阶段内容等。

2．工程质量控制措施： 包括健全质量管理组织机构和体系、质量控制组织措施、各专业工程质量控制措施等内容。

一 单项选择题

1．铁路项目工程质量计划应由（　　）主持编制。
　　A．公司总工程师　　　　　　B．项目经理
　　C．项目总工程师　　　　　　D．项目安质部部长

二 多项选择题

1．根据工程实施时必须落实质量"红线"制度，下列行为中，属于不得进行后续施工的有（　　）。
　　A．结构物沉降评估不达标　　B．桥梁收缩徐变不达标
　　C．锁定轨温不达标　　　　　D．工序数量不达标
　　E．联调联试不达标

2．下列质量管理内容中，属于施工生产阶段的有（　　）。
　　A．图纸审核　　　　　　　　B．技术交底
　　C．工程测量　　　　　　　　D．变更设计
　　E．竣工文件的编制

3．铁路工程项目经理部在编制质量计划文件时，应该做到的事项有（　　）。
　　A．项目经理应主持编制　　　B．项目部全体人员参加
　　C．以业主质量要求为重点　　D．体现工序及过程控制
　　E．体现投入产出全过程

4．铁路工程质量管理中为便于管理经常划分成几个阶段，下列阶段中，属于质量管理阶段的有（　　）。
　　A．施工准备阶段　　　　　　B．施工生产阶段
　　C．竣工验收阶段　　　　　　D．回访与保修阶段
　　E．工程结算阶段

5. 在编制铁路工程质量计划时，计划的主要内容应该有（　　）等。
   A．编制依据、项目概况　　　　B．质量目标、组织机构
   C．必要的质量控制手段　　　　D．完工后工务维修措施
   E．完善质量计划的程序

13.2　工程质量通病及事故处理

复习要点

1．**质量通病的类别及防治**：包括路基工程、桥梁工程、隧道工程、轨道工程、"四电"工程等施工质量通病及防治措施。

2．**质量事故的分类及处置**：包括质量事故的分类、质量事故的处置等内容。

一　单项选择题

1．根据铁路工程质量事故的分类，造成直接经济损失 300 万元及以上、1000 万元以下的质量事故等级为（　　）。
   A．特别重大事故　　　　　　　B．重大事故
   C．大事故　　　　　　　　　　D．一般事故

二　多项选择题

1．下列铁路工程施工质量通病中，属于桥梁工程下部结构的有（　　）。
   A．基坑超挖、基底扰动　　　　B．桥梁承台外露
   C．墩身预埋钢筋未切除　　　　D．防撞墙出现裂纹
   E．墩身蜂窝麻面、裂纹

13.3　工程质量检验与验收

复习要点

1．**质量检验与验收要求**：包括验收总的要求、一般规定等内容。
2．**质量检验与验收方法**：包括质量检查管理、施工质量验收程序等内容。

一　单项选择题

1．路基工程施工质量控制中，相关专业工序之间的交接检验应经（　　）检查认可，未经检查或检查不合格的不得进行下道工序施工。
   A．岩土工程师　　　　　　　　B．结构工程师

C. 监理工程师 D. 项目经理
2. 单位工程完工后由（　　）项目负责人组织相关单位进行验收。
   A. 建设单位 B. 监理单位
   C. 施工单位 D. 设计单位
3. 工程施工质量验收，最基本的检验单元是（　　）。
   A. 分项工程 B. 检验批
   C. 分部工程 D. 单位工程

二　多项选择题

1. 关于工程隐蔽部位覆盖前检查的说法，正确的有（　　）。
   A. 经承包人自检确认的工程隐蔽部位具备覆盖条件后可自行覆盖
   B. 经监理人检查确认质量符合隐蔽要求，并在检查记录上签字后，承包人才能进行覆盖
   C. 监理人未按约定的时间进行检查的，除监理人另有指示外，承包人可自行完成覆盖工作
   D. 承包人未通知监理人到场检查，私自将工程隐蔽部位覆盖的，监理人有权指示承包人钻孔探测或揭开检查
   E. 承包人按要求覆盖工程隐蔽部位后，监理人对质量有疑问的，可要求承包人对已覆盖的部位进行钻孔探测或揭开重新检验

13.4　竣工验收

复习要点

1．竣工验收的阶段、依据和内容：包括竣工验收的阶段、竣工验收的依据、竣工验收的主要内容等。

2．竣工验收的条件、程序和组织：包括静态验收、动态验收、初步验收及安全评估、正式验收、竣工验收组织等内容。

一　单项选择题

1. 铁路工程竣工验收时，静态验收组织单位是（　　）。
   A. 国铁集团 B. 铁路局集团公司
   C. 建设单位 D. 国家铁路局

二 多项选择题

1. 铁路工程竣工验收阶段包括（　　）。
   A．静态验收　　　　　　　B．动态验收
   C．初步验收　　　　　　　D．质量评估
   E．正式验收

2. 关于铁路工程竣工正式验收条件的说法，正确的有（　　）。
   A．初步验收合格且初期运营一年后
   B．《国有土地使用证》已经全部领取
   C．竣工决算已经编制完成并经上报主管部门审批
   D．初期运营中发现的问题整改完毕，初期运营状态良好
   E．建设资金已全部到位，按合同与建设各方完成费用结算

13.5　工程保修期及缺陷责任期管理

复习要点

1．**工程保修期管理**：包括工程质量保修范围、期限和责任等。
2．**缺陷责任期管理**：包括缺陷责任期的起算时间、缺陷责任期的延长等。

一 单项选择题

1. 工程质量保修期自工程初步验收合格之日起计算，属于保修范围、内容的项目，承包人应当在接到保修通知之日起（　　）天内派员保修。
   A．5　　　　　　　　　　　B．7
   C．9　　　　　　　　　　　D．14

2. 由于承包人原因造成某项缺陷或损坏使某项工程或工程设备不能按原定目标使用而需要再次检查、检验和修复的，发包人有权要求承包人相应延长缺陷责任期，但缺陷责任期最长不超过（　　）年。
   A．2　　　　　　　　　　　B．3
   C．4　　　　　　　　　　　D．5

二 多项选择题

1. 关于缺陷责任期管理的说法，正确的有（　　）。
   A．承包人应在缺陷责任期内对已交付使用的工程承担缺陷责任
   B．经查验属发包人原因造成的，发包人应承担修复和查验的费用
   C．发包人有权要求承包人相应延长缺陷责任期，但缺陷责任期最长不超过

3 年

D. 承包人不能在合理时间内修复缺陷的，发包人不得自行修复或委托其他人修复

E. 缺陷责任期内承包人为缺陷修复工作需要，有权进入工程现场，但应遵守发包人的保安和保密规定

【参考答案】

【13.1 参考答案】
一、单项选择题
1. B
二、多项选择题
1. A、B、C、E；   2. B、C、D；   3. A、C、D、E；   4. A、B、C、D；
5. A、B、C、E

【13.2 参考答案】
一、单项选择题
1. B
二、多项选择题
1. A、B、C、E

【13.3 参考答案】
一、单项选择题
1. C；   2. A；   3. B
二、多项选择题
1. B、C、D、E

【13.4 参考答案】
一、单项选择题
1. B
二、多项选择题
1. A、B、C、E；   2. A、B、D、E

【13.5 参考答案】
一、单项选择题
1. B；   2. A
二、多项选择题
1. A、B、E

第 14 章　施工成本管理

14.1　工程成本管理要求

微信扫一扫
在线做题+答疑

复习要点

1．**成本管理体系的建立**：包括指挥和控制组织的管理体系建立。
2．**成本管理的原则**：包括全面及动态的管理原则，科学性、有效性的原则，"责""权""利"相结合的原则，统一领导、分级负责、归口管理的原则。

一　单项选择题

1．铁路工程项目成本管理第一责任人是（　　）。
　　A．公司法人　　　　　　B．项目总工
　　C．项目经理　　　　　　D．成本经理

二　多项选择题

1．项目成本管理科学的预测与决策方法有（　　）。
　　A．量本利分析法　　　　B．目标管理法
　　C．因果分析法　　　　　D．价值工程法
　　E．方差分析法

14.2　工程项目成本管理方法

复习要点

1．**成本管理工作内容**：包括公司成本管理工作的主要内容、项目经理部成本管理工作的主要内容。
2．**成本预算的编制**：包括成本预算编制的依据、成本预算的组成、成本预算编制方法、成本预算调整方法等内容。
3．**成本控制**：包括成本控制工作、公司施工成本控制的方法、项目施工成本控制的方法等内容。
4．**成本核算**：包括项目施工成本核算的要求、项目施工成本核算的程序、项目施工成本核算的主要方法等内容。
5．**成本分析与考核**：包括成本分析方法、成本考核办法等内容。

一、单项选择题

1. 铁路工程项目施工成本核算的主要方法不包括（　　）。
   A．会计核算　　　　　　　　B．统计核算
   C．业务核算　　　　　　　　D．双轨制核算

二、多项选择题

1. 公司成本管理工作的主要内容包括（　　）。
   A．编制成本预算　　　　　　B．实行动态监控
   C．成本目标分解　　　　　　D．实施限额发料
   E．投标成本测算

2. 项目经理部成本管理工作的内容包括（　　）。
   A．开展项目管理策划和施工方案优化工作
   B．按企业定额测算成本，做好标前成本控制
   C．中标后及时开展现场施工组织策划工作
   D．定期开展劳务队成本核算成本分析工作
   E．限额发料、日清月结，并进行节超分析

3. 下列控制措施中，属于材料用量管理的有（　　）。
   A．实行限额领料制度　　　　B．合理确定进货批量
   C．做好计量验收工作　　　　D．推行新技术、新工艺
   E．合理堆放，减少搬运

4. 成本分析报告的内容应与成本核算对象的划分和成本核算内容相一致，应包括的内容有（　　）。
   A．人工费分析　　　　　　　B．材料费分析
   C．分包成本分析　　　　　　D．机械费分析
   E．索赔费用分析

【参考答案】

【14.1　参考答案】

一、单项选择题
1．C

二、多项选择题
1．A、B、D

【14.2 参考答案】
一、单项选择题
1. B
二、多项选择题
1. A、B、E；   2. A、D、E；   3. A、C、D、E；   4. A、B、C、D

第 15 章 施工安全管理

15.1 施工生产安全管理

复习要点

微信扫一扫
在线做题+答疑

1．**安全管理体系及制度建立**：包括安全管理体系建立、安全管理制度制定等内容。

2．**安全风险分级管控与隐患排查治理**：包括安全风险分级管控、安全事故隐患排查治理等内容。

3．**安全技术管理**：包括新建和改建铁路工程施工的安全技术管理。

4．**现场安全管理**：包括新线和营业线铁路工程施工现场安全管理。

一 单项选择题

1．为确保桥梁换装安全，龙门架所在线路条件应为坡度不得大于（　　）的直线地段。

A．3‰　　　　　　　　　　　　B．5‰

C．7‰　　　　　　　　　　　　D．10‰

2．铁路隧道工程开挖爆破后，必须经过最短的通风排烟时间即（　　）min 以后，检查人员方可进入工作面检查。

A．10　　　　　　　　　　　　B．15

C．20　　　　　　　　　　　　D．25

3．铁路隧道工程衬砌使用的脚手架、工作平台、跳板、梯子等应安装牢固，不得有露头的钉子和突出的尖角，靠近运输道一侧应有足够的净空，以保证车辆、行人安全通行，脚手架、工作平台上应搭设不低于（　　）m 的栏杆。

A．0.8　　　　　　　　　　　　B．1.0

C．1.2　　　　　　　　　　　　D．1.4

4．铁路轨道工程采用滑道法装卸钢轨，滑道坡度要适当，安放要稳固，装卸 12.5m 长的钢轨，滑行轨应不少于（　　）根，装卸 25m 长的钢轨，滑行轨应不少于（　　）根。

A．2，3　　　　　　　　　　　　B．3，6

C．2，4　　　　　　　　　　　　D．3，8

5．变压器器身内部氧气密度未达到（　　）前，作业人员不得进入器身内作业。

A．16%　　　　　　　　　　　　B．18%

C．20%　　　　　　　　　　　　D．22%

6．风险评估的首要目标是（　　）的评估。

A．安全风险　　　　　　　　　　B．质量风险

C．工期风险　　　　　　　　　　D．投资风险

二 多项选择题

1. 从事特殊作业人员必须参加专业机构组织的安全技术培训，考试合格后取得特种职业上岗证，并持证上岗。下列人员中，属于从事特殊作业的人员有（　　）。
   A．机动车驾驶人员　　　　　B．电气焊人员
   C．钢筋制作人员　　　　　　D．起重人员
   E．爆破人员

2. 风险管理工作四个阶段包括（　　）。
   A．可行性研究阶段　　　　　B．初步设计阶段
   C．施工图阶段　　　　　　　D．施工阶段
   E．竣工阶段

3. 风险辨识的方法包括（　　）。
   A．核对表法　　　　　　　　B．树状图法
   C．专家调查法　　　　　　　D．头脑风暴法
   E．层次分析法

4. 施工阶段应辨识的风险因素包括（　　）。
   A．行车风险因素　　　　　　B．自然风险因素
   C．技术风险因素　　　　　　D．社会风险因素
   E．地质风险因素

5. 关于铁路新线路堑开挖施工安全的说法，正确的有（　　）。
   A．路堑开挖应注意坡面的稳定
   B．路堑开挖应自下而上，防止开挖不当造成坍塌
   C．爆破开挖严禁放大炮，邻近坡面不得爆破开挖
   D．路堑施工应保证开挖过程中及竣工后的排水畅通
   E．开挖工作应与装、运作业面相互错开，严禁上下重叠作业

6. 关于新线隧道开挖安全控制措施的说法，正确的有（　　）。
   A．加强地质情况观察，合理开挖，防止塌方
   B．钻爆人员负责找顶找帮
   C．两端工作面接近10m时一端停止工作
   D．两端工作面接近200m爆破时提前通知对方撤离
   E．爆破后经过15min通风排烟，检查人员方可进入工作面

7. 铺轨机铺轨后，地面轨排（　　），吊起的铺轨排不得伸出铺轨机。
   A．连接工作尚未完毕　　　　B．施工人员未撤离到线路两侧
   C．道砟已经补足　　　　　　D．挂钩已经系牢
   E．前方压道完成

8. 关于承力索及接触线架设作业安全的说法，正确的有（　　）。
   A．接触线每跨内吊弦应不少于3根
   B．架设前应检查架线车及工器具状态

C．放线区段内平交道口应设专人防护

D．架线车应行驶平稳且速度不得超过 8km/h

E．架线时，线索下方、坠砣下面及近旁不得有人

9．关于预绞式金具安装作业安全的说法，正确的有（　　）。

A．预绞式金具不得重复使用

B．预绞式耐张线夹应作为牵拉工具使用

C．预绞式护线条应成套安装，相互之间不得互换

D．附加导线两悬挂点的高差或转角较大时，应采取相应措施

E．预绞式接头安装时层内导电砂应完好，每层缠绕应符合产品特性要求

15.2　施工安全事故应急预案和调查处理

复习要点

1．安全事故应急预案：包括新线施工安全事故应急救援预案、营业线施工安全事故应急救援预案。

2．安全事故报告和调查处理：包括生产安全事故等级、安全事故报告、安全事故调查处理等内容。

一　单项选择题

1．项目应急预案措施由（　　）负责组织制定，工程技术部、安全质量部、材料物资部参加，由（　　）负责编制，其他相关部门会签。

A．项目经理，工程技术部　　　B．项目总工，工程技术部

C．项目经理，安全质量部　　　D．项目总工，安全质量部

2．下列安全事故中，属于较大事故的是（　　）。

A．造成 10 人以上 30 人以下死亡

B．造成 100 人以上重伤

C．造成 10 人以上 50 人以下重伤

D．造成 3 人以下死亡

二　多项选择题

1．应急预案的指导思想应坚持（　　）的方针。

A．以人为本　　　　　　　　　B．安全第一

C．预防为主　　　　　　　　　D．减小损失

E．紧急补救

2．施工前施工单位必须与铁路各设备单位签订（　　）。

A．施工安全协议　　　　　　　B．施工质量协议

C. 施工环保协议 　　　　　　　D. 施工配合协议
E. 施工监护协议

【参考答案】

【15.1　参考答案】
一、单项选择题
1. D；　2. B；　3. B；　4. C；　5. B；　6. A
二、多项选择题
1. A、B、D、E；　2. A、B、C、D；　3. A、C、D、E；　4. B、C、D、E；
5. A、C、D、E；　6. A、D、E；　7. A、B；　8. A、B、C、E；
9. A、C、D、E

【15.2　参考答案】
一、单项选择题
1. B；　2. C
二、多项选择题
1. A、B、C；　2. A、D、E

第 16 章　绿色建造及施工现场环境管理

16.1　绿色建造管理

复习要点

1. **绿色建造基本要求**：包括节能、节地、节水、节材，保护环境和减少污染等内容。
2. **绿色施工管理内容**：包括一般规定、管理措施等内容。

一　单项选择题

1. 关于绿色施工管理措施的说法，错误的是（　　）。
   A．临时设施尽量少占用耕地、林地，尽量利用荒地
   B．混凝土构配件现场就地预制，尽量减少临时用地
   C．合理安排工序和设备组合，提高各种机械的使用率
   D．实行用电计量管理，严格控制施工阶段的用电量

二　多项选择题

1. 绿色建造的基本要求包括（　　）。
   A．减少各种资源的浪费　　　　B．提供良好的工作环境
   C．施工现场采用封闭式管理　　D．提高设施使用者的舒适度
   E．减少对环境的污染和破坏

16.2　施工现场环境保护

复习要点

1. **环境保护管理要求**：包括贯彻"全面规划、合理布局、预防为主、综合治理、强化管理"的方针和"谁污染谁治理、谁破坏谁恢复"的原则。
2. **环境保护管理措施**：包括环境保护的措施、水土保持的措施等内容。

一　单项选择题

1. 铁路（　　）都有保护和改善环境的责任和义务。
   A．一切单位和职工　　　　B．环境保护部门
   C．养护部门　　　　　　　D．单位主管领导

二 多项选择题

1. 关于铁路环境保护管理要求的说法，正确的有（　　）。
   A．铁路环境保护工作，必须贯彻"谁污染谁治理、谁破坏谁恢复"的原则
   B．污染、破坏环境的建设项目，必须执行环境影响评价制度
   C．铁路单位和职工都有保护和改善环境的责任和义务
   D．环境保护要纳入铁路发展的中长期规划和年度计划
   E．国家铁路质监主管部门负责管理全路环境监测工作
2. 铁路环境保护工作必须贯彻的方针包括（　　）。
   A．全面规划　　　　　　　　B．综合布局
   C．预防为主　　　　　　　　D．合理治理
   E．强化管理

16.3 施工现场文明施工

复习要点

1. **文明施工管理要求**：包括总体策划、设计、布置、使用和管理要求。
2. **文明施工管理措施**：包括施工生活区、施工道路、施工现场文明施工要求。

一 单项选择题

1. （　　）应结合施工环境、条件，认真进行施工现场文明形象管理的总体策划、设计、布置、使用和管理。
   A．施工单位　　　　　　　　B．监理单位
   C．养护单位　　　　　　　　D．设计单位

二 多项选择题

1. 施工现场应设置"五牌一图"，下列选项中，属于"五牌一图"内容的有（　　）。
   A．工程概况牌　　　　　　　B．安全生产牌
   C．文物保护牌　　　　　　　D．消防保卫牌
   E．施工现场平面图

【参考答案】

【16.1 参考答案】
一、单项选择题
1. B
二、多项选择题
1. A、B、D、E

【16.2 参考答案】
一、单项选择题
1. A
二、多项选择题
1. A、B、C、D； 2. A、C、E

【16.3 参考答案】
一、单项选择题
1. A
二、多项选择题
1. A、B、D、E

第 17 章 技术管理与技术创新

17.1 施工技术管理

复习要点

1. **施工技术准备：** 包括熟悉设计标准、进行交接桩及桩点复测工作等内容。
2. **施工图审查及图纸会审：** 包括施工图设计文件审查、图纸会审等内容。
3. **施工方案管理：** 包括分级管理、编制内容、评审内容、审批、动态管理、工程施工技术总结等内容。
4. **施工技术交底：** 包括施工技术交底分级管理等内容。
5. **施工测量管理：** 包括执行标准和规范、基本工作内容、管理职责等内容。
6. **现场试验管理：** 包括现场试验管理要求、现场试验管理方法等内容。
7. **施工技术档案管理：** 包括技术资料的形成、收集和整理，编制竣工文件等内容。

一、单项选择题

1. 铁路工程现场完整的技术管理内容包括技术基础管理工作、（　　）、技术开发管理工作和技术总结。
 A．安全与质量管理工作 B．测量与试验管理工作
 C．施工组织设计工作 D．施工过程技术管理工作
2. 技术管理工作由项目管理机构（　　）全面负责。
 A．项目经理 B．专业技术主管
 C．总工程师 D．技术部门负责人
3. 现场试验室建成后，必须经（　　）部门验收合格，项目管理机构批准后，方可投入使用。
 A．设计 B．质检
 C．施工 D．监理
4. 工程试验和检验工作的管理和监督由（　　）部门负责。
 A．工程技术 B．试验
 C．安全质量 D．物资
5. 对金属、水泥、道砟等工程材料必须坚持（　　）的原则。
 A．先检验后使用 B．先使用后检验
 C．边使用边检验 D．以上均可

二 多项选择题

1. 施工单位在施工图核对时,重点检查的项目有（　　）。
   A. 设计文件是否齐全
   B. 设计文件有无差错漏碰
   C. 将设计文件与现场核对
   D. 确认设计文件是否符合实际情况
   E. 确认设计标准是否符合规范要求

2. 下列项目管理工作中,由项目总工程师牵头或全面负责的有（　　）。
   A. 施工图现场核对　　　　B. 施工技术调查
   C. 施工材料的采购　　　　D. 工程竣工验收
   E. 施工技术交底

3. 试验管理标准与制度主要包括（　　）。
   A. 材料进场检验制度
   B. 设备进场检验制度
   C. 场地地质情况检验制度
   D. 施工过程中的检测、试验制度
   E. 竣工验收中的检验、试验制度

17.2　科技创新与智能建造

复习要点

1. 科技创新：包括确定课题和研究方向、科技创新规划等内容。

2. 智能建造：包括智能建造技术手段、"四新"技术推广应用、智能建造技术的其他应用等内容。

一 单项选择题

1. 对于企业级别的科研创新项目,应按企业有关规定进行申报立项,管理流程是（　　）。
   A. 策划→评审→申请→批准→经费管理→过程管理→结题验收管理
   B. 策划→评审→批准→申请→经费管理→过程管理→结题验收管理
   C. 策划→申请→评审→批准→经费管理→过程管理→结题验收管理
   D. 策划→申请→评审→批准→过程管理→经费管理→结题验收管理

二 多项选择题

1. 铁路建设科技创新工作的主要任务就是以建设项目为平台，通过组织参建单位积极开展科技创新工作，达到的目的有（　　）。
    A．消除安全隐患　　　　　　B．化解社会矛盾
    C．优化施工方案　　　　　　D．提高工程施工效率
    E．提升建设项目工程质量

17.3　信息化管理

复习要点

1. **BIM 技术应用**：包括信息化管理、BIM 技术应用等内容。
2. **智慧工地建设**：包括智慧工地的技术特点、智慧工地建设应用领域等内容。

一 单项选择题

1. 下列智慧工地的技术特点中，属于通过传感器和监测设备实时获取工地各项数据，并通过数据分析算法对数据进行处理和预测，提供决策支持和预警机制的是（　　）。
    A．自动化和智能化操作　　　B．安全监控和预警机制
    C．信息共享和协同办公　　　D．实时监测和数据分析

二 多项选择题

1. 下列信息化管理手段中，属于质量管理方面的有（　　）。
    A．通过试验室信息系统监控原材料和半成品试验
    B．通过监控系统实现拌和站混凝土生产过程监控
    C．采用远程视频监控、无人机航拍技术等信息化手段
    D．应用桩基施工管理信息系统，实现施工过程数据的数字化采集和监控
    E．通过收集隐蔽工程的影像文件，实现检验批、施工日志、试验报告数字化

【参考答案】

【17.1　参考答案】
一、单项选择题
1．B；　2．C；　3．D；　4．C；　5．A

二、多项选择题

1. A、B、C、D；　　2. A、B、E；　　3. A、B、D、E

【17.2　参考答案】

一、单项选择题

1. C

二、多项选择题

1. A、C、D、E

【17.3　参考答案】

一、单项选择题

1. D

二、多项选择题

1. A、B、D、E

综合案例题及答案

综合案例题

【案例1】

A铁路施工企业拟参与某铁路工程的投标,为满足招标文件设定的施工总承包特级资质的要求,找到B企业谋求合作,并承诺向其支付5%的费用。B企业综合考虑后同意与A企业合作,双方签订了合作协议。协议主要内容包括:由B企业向A企业提供其施工总承包特级资质证书、营业执照、投标所用签章及资料;A企业以B企业名义参与投标,中标后按合同额的5%向B企业支付管理费;A企业全面负责并组织实施工程施工管理,并承担全部责任。

工程中标后,A企业对外以B企业项目经理部的名义与建设单位开展工作并与材料供应商C企业签订了供货合同,对内则以A企业名义进行施工管理。在施工过程中,由于项目管理混乱,发生多起质量事故,成本费用增加,资金周转困难,致使拖欠C企业材料款。C企业在多次催要无果后将B企业诉至法院。B企业认为:自己与A企业有协议约定,工程是由A企业全面管理实施的,况且前期材料款也是A企业直接向C企业支付的,剩余款项也应由A企业支付,B企业不应被起诉。

问题:

1. 针对背景资料,分别指出B企业在投标阶段和中标后的行为各属于什么性质的行为,并说明理由。
2. A企业与B企业签订的合作协议是否有效?说明理由。
3. C企业起诉B企业是否正确?说明理由。

【案例2】

施工单位A承包了一段某繁忙干线铁路改造工程,内容有桥涵顶进、路基帮宽和轨枕更换等。工程开工后,该施工单位自行把其中(12+16+12)m的桥涵顶进工程的施工任务分包给一家具有专业承包资质的施工单位B施工。顶进施工过程中,线路发生坍塌,造成繁忙干线客运列车脱轨19辆,并中断铁路行车52h。

问题:

1. 施工单位A将桥涵顶进工程分包给施工单位B是否合法?为什么?
2. 根据《铁路交通事故应急救援和调查处理条例》相关规定的等级划分,其属于哪类事故?
3. 应采取哪些技术措施以保证营业线上桥涵顶进施工的安全?
4. 在既有桥涵顶进施工安全事故应急救援预案中,针对掌子面前方发生坍塌应如何处理?

【案例 3】

某施工单位承建某铁路软土路基工程,采用浆喷搅拌桩施工。路基为改良细粒土填筑。施工过程中发生了以下事件:

事件 1:全面施工前根据地质情况和室内配合比,分段进行了成桩工艺试验,经取芯和承载力等检验,确定了加固材料掺入比、钻进速度、喷气压力和喷搅次数 4 项工艺参数。工艺参数及成桩检验成果由项目总工程师确认。

事件 2:在施工过程中,质检工程师取芯检验发现质量问题,少数桩体的抗压强度不足。

事件 3:基床以下路堤填筑按"三阶段、四区段、八流程"的工艺组织施工。碾压时,分层最大压实厚度为 50cm,最小分层厚度为 10cm。各区段交接处重叠压实,纵向搭接长度为 1.5m,沿线路纵向行与行之间压实重叠为 40cm,上下两层填筑接头错开为 2m。

问题:

1. 针对事件 1,指出其错误并给出正确做法。
2. 针对事件 2,分析发生质量问题的可能原因并给出处理措施。
3. 针对事件 3,指出路基碾压工艺的错误之处并给予改正。

【案例 4】

某段新建铁路路基工程,主要施工内容为深路堑开挖和软土路堤填筑。其中路堑段长度为 200m,开挖深度为 20m,设计分三级边坡防护,主要地质为黏土和强风化、中风化泥岩,主要工作内容为土石方开挖和边坡防护;基床表层采用级配碎石填筑,工艺流程如图 1 所示。

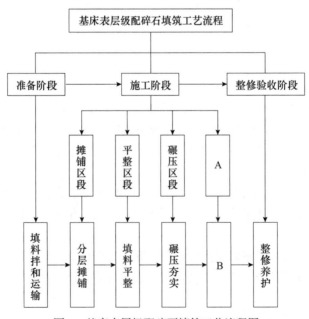

图 1 基床表层级配碎石填筑工艺流程图

施工中发生以下事件：

事件1：施工过程中，监理工程师对路堤骨架护坡施工质量进行了检查，发现存在厚度、宽度不足的问题，要求施工单位停工整改。

事件2：施工单位在旱季施工该段路堑，并在施工前做好了截、排水系统。由于雨水较少，路堑开挖后边坡较稳，土石方开挖自上而下分层进行，土石方全部开挖完成后自下而上逐级进行了边坡防护施工。

事件3：施工单位在进行路堤填筑碾压施工时，碾压顺序为先中间后两侧，各区段交接处均进行重叠压实，上下两层填筑接头错开2.5m，纵向搭接压实长度为2.0m。监理工程师发现后要求整改。

问题：

1. 指出图1中A所代表的区段名称和B所代表的工艺名称。
2. 针对事件1中施工存在的质量问题，给出整改及防治措施。
3. 针对事件2中做法的不妥之处，给出正确做法。
4. 针对事件3，应如何整改？

【案例5】

某集团公司承建时速160km新建双线铁路四标段，标段长度12.6km，其中有桥梁5座、涵洞8座，其余为路基工程。沿线两侧除有少量村庄外无其他重要工业建筑。该标段范围内路基工程设计填挖方量基本平衡。路堑地段山体除表层有1～2m土层外，向下依次为2～3m强风化花岗岩、3～5m中风化花岗岩和弱风化花岗岩；最大开挖深度为20m。路堤工程有两段长分别为500m、800m的地基表层为软弱土层，其静力触探比贯入阻力P_s值为0.6MPa；软弱土层最大深度为2m；其他地段无不良地质。

问题：

1. 根据背景资料，给出路堤段软弱土层地基处理措施。
2. 根据背景资料，给出该标段路基工程的施工技术方案。
3. 根据背景资料，写出该标段挖方安全施工的控制重点。
4. 根据背景资料，写出该标段路基施工质量的控制重点。

【案例6】

背景同【案例5】，其中一段路基，路堑两边为填筑路堤，路堤各设有涵洞1座。

问题：

1. 根据背景资料，给出该段路基填筑作业所需要的施工机械。
2. 写出路堤与涵洞过渡段填筑施工要求。
3. 根据背景资料，写出该段路基施工作业可以采用的几种组织形式。
4. 写出路基填筑的主要施工步骤。
5. 写出路堑挖方的主要施工步骤。

【案例7】

某新建双线铁路有一段属于软土地基，设计采用水泥浆搅拌桩的处理措施。施工过程中，取芯发现少数桩体的无侧限抗压强度不能满足设计要求。

问题：

1. 给出水泥浆搅拌桩的作用原理以及主要施工步骤。
2. 根据背景资料，写出发生质量问题的原因。
3. 根据背景资料，写出质量问题出现后应采取的补救措施。

【案例 8】

某新建双线铁路有一段属于软土地基，设计采用塑料排水板。塑料排水板施工后、路基填筑时发生坡脚隆起。

问题：

1. 给出塑料排水板的作用原理以及主要施工步骤。
2. 根据背景资料，写出发生质量问题的原因。
3. 根据背景资料，写出质量问题出现后应采取的解决措施。

【案例 9】

某施工单位中标一座铁路大桥（施工范围不含图中阴影部分），该桥跨越某三级通航河流，主跨为下承式钢梁，架桥机运梁车均可以在上面行驶。边跨为 32m 简支 T 梁，要求现场制梁，采用公铁两用架桥机架梁，工期要求 20 个月，孔跨布置如图 2 所示。

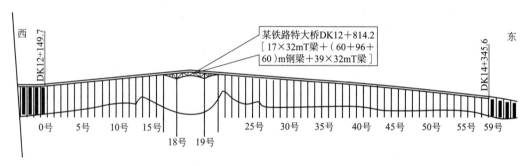

图 2　某铁路特大桥纵断面图

问题：

1. 根据背景资料，给出主跨钢梁的施工技术方案。
2. 根据背景资料，给出边跨梁部工程施工步骤及投入的主要机械（除公铁两用架桥机外）。
3. 写出 T 梁预制的质量控制重点。
4. 写出该特大桥控制工期的部位和分部工程。

【案例 10】

背景同【案例 9】。

问题：

1. 请划分施工单元，配置施工队伍。
2. 用框图表示全桥的施工顺序。

3. 写出主跨的安全施工风险源。
4. 写出主跨安全作业预防措施要点。

【案例 11】

某集团公司承建高速铁路站前工程第一标段，其中某桥梁主跨为(48+80+48)m双线预应力混凝土连续箱梁，采用悬臂浇筑法施工，边跨直线段采用满堂支架现浇。

施工过程中发生以下事件：

事件 1：连续箱梁施工前，施工队拟配置的梁部施工设备有：垂直运输设备、水平运输设备、压浆设备、托架、支架、模板、试验设备。

事件 2：边跨直线段施工前，项目经理部编制了专项施工方案：要求将施工作业平台脚手架与梁部模板连接牢固，以增加脚手架的安全性。底模安装完成后，对支架进行预压，预压重量设定为最大施工荷载的 1.0 倍，分三次预压到位。

事件 3：标准梁段预应力张拉施工前，项目经理部对施工队进行了技术交底，部分内容为：(1) 梁段预应力筋张拉按先横向再竖向后纵向的顺序进行。(2) 预施应力完成后应及时压浆。(3) 预施应力采取双控措施，预施应力值以预应力筋伸长值为主，以油压表读数进行校核。预应力筋张拉前应计算每一束(根)预应力筋的理论伸长值，作为张拉时与预应力筋实际伸长值的比对依据。(4) 纵向预应力筋张拉应在梁段混凝土强度达到设计值的 100%、弹性模量达到设计值的 100% 后进行，且必须保证张拉时混凝土的龄期不少于 3d。

问题：

1. 针对事件 1，梁部施工还应配置哪些主要施工设备？
2. 针对事件 2 中施工方案的不妥之处，写出正确做法。
3. 针对事件 3 中技术交底内容的不妥之处，写出正确做法。

【案例 12】

某铁路复线工程两车站之间的示意图如图 3 所示，业主要求下行方向先开通。

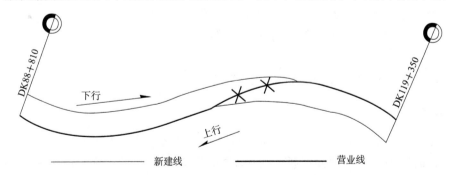

图 3 某铁路复线工程两车站之间示意图

问题：

1. 写出区间轨道拨接有哪些施工工序。
2. 图示并说明拨接龙口处的施工步骤。

【案例 13】

某单线铁路车站（图 4），在复线施工中需要站台抬高 10cm，原先的两股到发线有效长度为 850m，新增的到发线有效长度为 1050m。

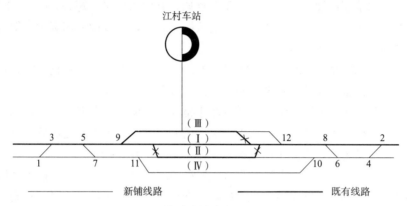

图 4　某单线铁路车站示意图

问题：

1．写出车站施工过渡方案。
2．写出全部单号道岔铺设方案和作业内容。
3．写出临时要点封锁施工程序。

【案例 14】

某新建单线铁路工程设计行车速度 160km/h，全长 189km，其中简支 T 梁有 360 孔，设计为跨区间无缝线路，站线铺轨 28km，沿线有十多家石料场，其中铺轨与制架梁由某一个集团公司总承包。接轨站位于繁忙铁路干线上，站内有大量平地。

问题：

1．应该选择什么样的铺架方案？说明原因。
2．建设单位要求 7 个月内完成铺架，请确定施工进度安排。
3．铺轨后建设单位要求铺设跨区间无缝线路，请给出无缝线路铺设的主要施工步骤。
4．写出该工程铺架施工应投入的主要机械设备。

【案例 15】

某段铁路增建二线工程全长 32km，位于平原地区，主要工程内容为增建二线路基填筑，框构桥接长和圆涵接长，两座 1-8m 下穿公路的顶进桥，以及铺轨整道工程。沿铁路有一条并行的国道，间距在 300~500m 范围内。工地 100km 范围内无道砟场，两处大型铁路道砟场距工地中心 140km，可以就近挖塘取土，车站位于管区中间。

问题：

1．选择适宜的轨道工程施工方案，并给出理由。

2. 写出人工铺轨主要施工步骤。
3. 写出主要的轨道施工机具名称。

【案例 16】

背景同【案例 15】。

问题：

1. 写出该段路基工程的主要施工步骤。
2. 写出路基施工的质量控制重点。
3. 写出 1-8m 公路立交桥主要施工步骤。
4. 写出顶进桥的安全控制重点。

【案例 17】

某单线铁路隧道要求工期 36 个月，全长 7.5km，只有进出口具备进洞条件，隧道中间高洞口低，出口洞口段有 20m 长的坡积层，厚度较厚；进口段风化岩有部分节理，判定为Ⅲ级围岩，进洞施工时为旱季。

问题：

1. 该隧道进出口应采取什么措施？写出其施工步骤。
2. 隧道应采用何种施工方案？决定施工方案的主要因素是什么？
3. 写出该隧道洞身段的主要施工步骤。
4. 列表写出本隧道主要施工安全控制重点。

【案例 18】

背景同【案例 17】。进口段有一段 60m 富水断层破碎带。出口段有一段石灰岩地质，可能有溶洞。进口段施工时，已做好初期支护的断层破碎带发生坍塌，掌子面与洞口被隔断，有 4 名工人没有及时撤离被堵在洞内，身体没有受伤。

问题：

1. 根据背景资料，给出安全穿越富水断层带的主要措施。
2. 写出出口石灰岩地质地段施工前后要做的防范措施。
3. 根据背景资料，应采取哪些救人措施？

【案例 19】

某高速铁路土建工程第三合同段，平面示意图如图 5 所示。

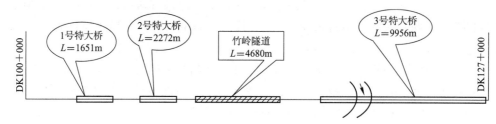

图 5　第三合同段平面示意图

除 3 号特大桥主跨为 1-96m 提篮拱桥（架桥机可运梁通过）外，其余均为 32m 预应力混凝土简支箱梁。箱梁设计为双线整孔箱梁，约重 900t，采用 1 台架桥机架梁。竹岭隧道均为 Ⅱ、Ⅲ 级围岩，隧道中间有开辟斜井的条件。该项目总工期为 3 年，要求开工 1.5 年后开始架梁。

问题：
1. 竹岭隧道应采用几个作业面同时掘进？为什么？
2. 若布置一个梁场，梁场应在何处选择？为什么？
3. 在主跨工期不影响架梁的前提下，说明架梁顺序。

【案例 20】

背景同【案例 19】。施工过程中，发生以下事件：

事件 1：该项目集团公司拟安排三个都具有制架箱梁和隧道施工能力的工程公司参加施工。

事件 2：该项目根据新的要求，需要统一制架梁，由新组建的桥梁公司承担箱梁制运架任务。其余工程由一个隧道公司担负施工。

事件 3：由于征地拆迁延误工期半年，业主要求竣工时间不变。

问题：
1. 根据事件 1，请划分施工工区和施工任务。
2. 根据事件 2，请重新划分施工工区和施工任务。
3. 根据背景资料，写出该合同段内控制性工程。
4. 针对事件 3，应如何调整总体施工方案？

【案例 21】

某高速铁路工程，采用 CRTS Ⅲ 型板式无砟轨道。施工过程中，由于施工单位组织不力、控制不严，出现自密实混凝土厚度不足，造成部分无砟轨道返工，影响工期 1 个月，造成直接经济损失 250 万元人民币。

问题：
1. 根据《铁路建设工程质量监督管理规定》，该事故属于什么等级？
2. 高速铁路轨道工程的质量管理措施有哪些？
3. 为避免出现自密实混凝土厚度不足的质量问题，应采取哪些预防措施？

【案例 22】

某铁路营业线为双线，由于铁路提速要求需对某段进行落道，落道高度为 70cm。该铁路线上方跨越一座公路高架桥，铁路双线两侧净距 4.5m。该线路为繁忙干线，每昼夜通过列车 46 对。根据铁路运营部门规定，对该段单线铁路封锁施工时间最长为 48h。现有三种施工方案：第一种是直接用人工和简易施工机具将轨道抬起，掏走一些道砟和路基的土；第二种是建一临时便线供列车绕行，封闭该段后集中作业；第三种是上下道分别封闭，采用机械方式，落道后一次换铺钢轨。

问题:
1. 应选择哪一种施工方案? 为什么?
2. 针对最优方案的具体施工步骤是什么?
3. 施工前,施工单位应做好哪些施工准备工作? 封锁拨接施工前还要做哪些工作?

【案例 23】

施工企业 A 公司承包某铁路建设工程路基、桥涵施工任务。在某段路基有软土地基需要处理,工程开工后,该施工企业没有经过业主同意直接将塑料排水板和粉体喷射搅拌桩处理软基的施工任务分包给一具备资格的专业承包单位 B 公司。在施工过程中,专业承包商没有等到正式下达施工图纸,只是通过到设计单位了解设计意图和大致工程内容便开始施工。等到施工图出来后发现施工与设计不符,出现施工质量问题,需要返工,影响了工期。

问题:
1. 该工程中软土地基分包是否正确? 为什么?
2. 在本工程中返工的损失责任如何确定? 会出现哪些主体间的索赔关系?
3. 保证软基处理工程工期的施工措施是什么?

【案例 24】

某铁路工程 A 标段长度为 30km,包括路基土石方 50000m³,大桥 1 座,小桥涵 10 座。铺轨架梁由建设单位单独发包。路基工程中,里程 DK0+000~DK9+000 段主要为路基挖方,DK9+000~DK11+000 段为 1 座特大桥,DK11+000~DK18+000 段主要为路基填方,包括小桥涵 6 座,DK18+000~DK25+000 段主要为路基挖方,DK25+000~DK30+000 段为路基填方,包括 4 座小桥涵。施工部署、施工方案的确定及项目管理工作有以下情况:

(1) 施工部署由项目经理主持,根据工程特点及施工队间的综合平衡,分解为 4 个工区,DK0+000~DK10+000 段为第一工区,DK10+000~DK18+000 段为第二工区,DK18+000~DK25+000 段为第三工区,DK25+000~DK30+000 段为第四工区。

(2) DK0+000~DK9+000 段路堑多为土、石傍山路堑,拟采用全断面开挖。由于该区段周围没有居民,对于边坡高度大于 20m 的坚硬岩石拟采用峒室爆破法施工。对于土质路堑采用由下而上纵向全宽逆坡开挖。为加快工程进度,条件适宜地段拟采用掏底开挖法。

(3) 路堤填筑采用"三阶段,四区段,八流程"的方案施工。具体为:

三阶段包括:准备阶段、施工阶段、整修验收阶段。

四区段包括:填土区段、(A)、碾压区段和(B)。

八流程包括:(C)、基底处理、(D)、摊铺平整、(E)、碾压夯实、(F)和路基整修。

(4) 填筑包心路堤时,将渗水性强的填料填筑在堤心,将渗水性弱的填料填筑在路堤两侧。对于普通路堤填筑每一层时,渗水性强的砂砾土填在中间,渗水性弱的黏性土填在两侧。

（5）在该路基的碎石桩地基处理工程中选取其中的1000根碎石桩作为一个检验批，碎石桩桩径允许偏差为 –50mm（一般项目），在监理工程师组织的检查验收中抽取了50根桩检测，发现其中有10根桩的直径比设计桩径小50mm以上，其中有1根桩比设计桩径小100mm以上。

问题：

1. 本项目施工任务分解正确吗？如不正确，请指出其不妥之处。
2. 路堑施工方法是否正确？如不正确，请指出不妥之处。
3. 写出背景资料中 A、B、C、D、E、F 所代表的工序名称。
4. 指出背景中所述填筑路堤中不同填料填筑的不妥之处。
5. 路基碎石桩的该检验批能否通过验收？为什么？

【案例 25】

某施工单位承担一座铁路特大桥的施工。该桥跨越省道及河流，钻孔桩基础，墩身高 4~12m，墩身混凝土灌筑施工采用整体钢模。

模板由具有资质的厂家生产，交货时附有生产厂家提供的设计图及检算书。该桥技术负责人对模板设计图及检算书检查后予以认可，并据此对墩身作业班组长进行了口头安全技术交底。

在该桥墩身施工中，发生模板坍塌事故，导致3人死亡、1人轻伤。事故发生后，施工单位及时、如实地向建设单位进行了报告。经调查：项目部未编制模板专项施工方案；发生事故的直接原因是作业工人违章作业。施工单位按规定对事故相关责任人进行了处罚，并对全体人员进行了再教育；对模板的设计图和检算书进行了复核检算，补充编制了安全专项施工方案，在技术负责人签字后立即发布实施，并要求墩身施工班组长在现场严格监督执行。

问题：

1. 在该桥下部结构施工中，应编制哪些安全专项施工方案？
2. 写出项目部在该桥施工中，应如何进行安全技术交底。
3. 指出施工单位在安全事故处理程序方面的不妥之处。
4. 施工单位的安全补救措施有何不妥？说明理由。

【案例 26】

工程背景同【案例 19】。若本标段共有32m简支预应力双线箱梁420孔。用1套900t架桥机架设箱梁，平均进度指标为2孔/d，箱梁台座上从支模到移梁5d/孔，若箱梁终张后不小于30d方可架设。

问题：

1. 当存梁场地受限或工期紧张时，为使制梁进度与架梁进度基本均衡，应设置几个制梁台座？存梁台座应设多少个？
2. 若有场地存梁，工期不紧张时，应设置几个制梁台座？存梁台座应设多少个？

【案例 27】

某铁路路基路堑边坡防护采用浆砌片石挡土墙。施工中监理单位发现存在以下问题：挡墙后面路基边坡处存在膨胀土、片石块偏小、缝隙处砂浆不饱满等情况。询问现场管理人员和施工人员，发现他们对图纸和设计情况不清楚。企业总部对项目部质量管理体系内审时发现质量计划中只有以下内容：编制依据、项目概况、质量目标、质量控制及管理组织协调的系统描述、更改和完善质量计划的程序。

问题：
1. 路堑挡护工程存在何种质量问题？
2. 施工单位质量管理有哪些问题？
3. 质量计划是否完整？如不完整，还缺少哪些内容？

【案例 28】

某施工单位承建高速铁路某隧道工程，起讫里程为 DK38＋500～DK42＋100，长度为 3600m。隧道围岩破碎、软弱，地下水发育，围岩级别为Ⅴ级，进、出口段洞顶有村庄、水田。按照施工组织设计，施工单位在隧道进、出口各安排一个作业面施工，采用三台阶预留核心土法开挖。

施工中发生了以下事件：

事件 1：项目经理部编制了"防水板作业要点卡片"，见表 1。

表 1　防水板作业要点卡片

卡片编码：隧 502　　　　　　　　　　　　　　　　　　　　　　　　上道工序：__A__

序号	工序	作业控制要点
1	施工准备	① 检验防水板质量；② 将防水板按每循环设计长度加预留松弛量截取，对称卷起备用；③ 防水板作业台架就位
2	基面处理	① 对欠挖部位进行处理；② 铺设盲沟；③ 局部漏水处采用注浆堵水或埋设排水管；④ 彻底清除各种异物和尖锐突出物体，凹处复喷补平
3	防水板搭接	① 两幅防水板的搭接宽度不小于__C__cm，环向铺设时，下部防水板应压住上部防水板。②三层以上塑料防水板的搭接形式必须采用"T"形接头
4	防水板焊接	① 用双焊缝热熔焊接，焊缝宽度不小于 2cm，焊接温度控制在 200～270℃为宜，焊接严密，不得焊焦、焊穿、漏焊和假焊；② 焊接完后的卷材表面留有空气通道，用以检测焊接质量
5	防水板铺设	① 采用无钉铺设工艺，铺设应表面平顺、无褶皱、有一定松弛量；② 分段铺设的防水板，其边缘部分预留至少__D__cm 的搭接余量，并且对预留部分边缘部位进行有效的保护；③ 背贴式止水带安装
6	安装质量	① 焊接牢固，人力不能撕开；② 焊缝检测用 5 号注射针与压力表相接，使用打气筒进行充气，在 0.25MPa 压力作用下，保持 15min、压力下降在 10%以内，说明焊缝合格，否则补焊至合格为止

下道工序：__B__

事件 2：掌子面开挖至 DK39＋130 时，对 DK39＋100～DK39＋103 段进行仰拱开挖，根据 DK39＋100 处的围岩量测数据绘制了位移（u）-时间（t）关系图，发现位移速率不断上升，即 $d^2u/dt^2 > 0$，如图 6 所示。

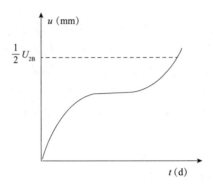

图 6　位移（u）-时间（t）关系曲线图

注：U_{2B}——距掌子面 2 倍开挖宽度的位移控制基准值

问题：

1. 根据背景资料，给出隧道内洞口段合理的施工防排水原则，并说明理由。
2. 给出表 1 中 A 和 B 所代表的施工工序名称。
3. 给出表 1 中 C 和 D 所代表的施工控制指标。
4. 针对事件 2，指出该段围岩所处的状态，并写出应对措施。

【案例 29】

某新建铁路控制性工程新河隧道，为双线单洞隧道，隧道长 8949m。洞身围岩级别分别为 Ⅲ、Ⅳ、Ⅴ 级，无不良地质；辅助导坑设置斜井 2 座、横洞 1 座。

施工组织设计安排：施工准备工期为 3 个月，进口段洞口及明洞施工工期为 3 个月，出口段洞口施工工期为 1 个月，1 号斜井施工工期为 7 个月，2 号斜井施工工期为 6 个月，横洞施工工期为 3 个月。隧道围岩分布如图 7 所示。

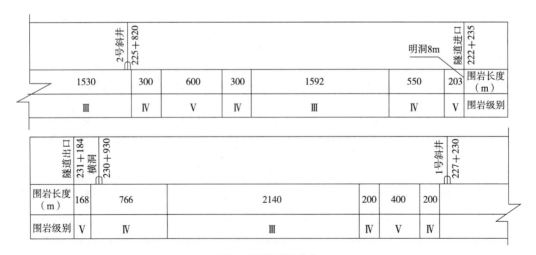

图 7　隧道围岩分布

根据施工组织设计：本隧道安排 5 个隧道作业队，分别是进口作业队、出口作业队、横洞作业队、1号斜井作业队、2号斜井作业队。横洞安排向小里程方向施工，1号、2号斜井分别安排两个作业面进行施工。为保证掘进贯通安全，当两端工作面间的开挖距离为15m时停止一端工作，并将该端工作面人员和机具撤离。考虑以上因素后，隧道施工分界里程如图8所示。

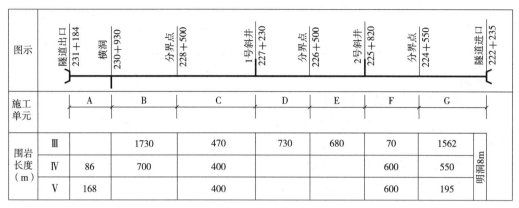

图 8　隧道施工分界里程

设计图纸显示：Ⅲ级围岩采用全断面开挖，Ⅳ级围岩采用台阶法施工，Ⅴ级围岩采用短台阶预留核心土法开挖，Ⅴ级围岩采用小导管超前支护，其他围岩无超前支护；初期支护为锚喷支护。

根据规定，超前地质预报纳入工序管理。

问题：

1．根据现场施工经验，给出隧道洞身各级别围岩掘进的进度指标。
2．分别计算5个隧道作业队的洞身掘进工期（含施工准备时间）。

【案例30】

某施工单位承包一铁路单线隧道工程，长度为3km，岩体为Ⅳ～Ⅴ级围岩，采用正台阶钻爆法施工，开工后两个月，下台阶开挖700m，上台阶开挖490m，二次衬砌200m。该隧道出口段通过一天然冲沟，山势险峻，围岩覆盖层最薄处仅4m。在上台阶继续开挖过程中上拱部出现冒顶塌方事件，致使数名工人被困在洞内。

问题：

1．隧道施工组织安排有何问题？
2．通过冲沟地段应采取何种措施？
3．抢救洞内施工人员应如何进行？

【案例31】

某铁路工程项目合同段内有轨道、隧道、路基、桥涵工程，合同工期为25个月，铺轨期限为开工后第17～23个月。项目经理部制定施工部署时，按里程将管区平均划分为三个工区，假设该施工单位拥有轨道施工架子队1个、路基施工架子队3个、桥涵施工架子队4个、隧道施工架子队3个，每个队上场工人数不限。工区内各单位工程在一个专业架子队进行施工的前提下的进度安排见表2。

表2 各工区工程类别及工期一览表（单位：月）

一工区	路基	4	二工区	路基	5	三工区	路基	8
	长大隧道1座	18		中桥4座	12		隧道	12
	小桥10座	11					大桥1座	7
							中桥4座	10
	轨道	2		轨道	2		轨道	2

问题：

1．施工任务分解的基本要求是什么？
2．在满足合同工期和铺轨期限的条件下，对合同段内各工程类别进行施工队伍配备。
3．该项目如何进行施工阶段划分？
4．该项目前期策划工作包括哪些内容？

【案例32】

某工程项目部承建一段地处北方的新建铁路工程（平面示意图如图9所示）。该工程标段总长28km，工程范围包括隧道一座、特大桥两座以及路基和少量小桥涵工程，合同工期16个月，年初开工。隧道设计施工方案是：进口单口掘进，出渣全部利用。特大桥设计施工方案是：2号桥利用1号桥钢模板。路基土石方调配方案是：以隧道为界两端各自填挖平衡。施工用电采用网电。施工进行到秋季，因征地原因导致控制性工程工期严重滞后，距铺轨到达标段起点只有6个月，而隧道和1号桥工程量仅完成35%，2号桥仅完成部分桥梁基础。

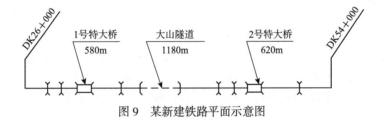

图9 某新建铁路平面示意图

问题：

1．对平面示意图进行必要的工区划分和线下施工队伍配备。（在答题卡中画出示意图，然后作答）
2．举例说明（各举两例）：哪些工程（或工序）可以平行施工？哪些可以顺序施工？哪些必须先后施工？
3．为确保铺轨按期通过本标段，对重点工程施工组织应该如何调整？

【案例33】

某铁路工程项目根据工程量的分布情况，并考虑到铺轨前路基及桥隧工程施工期限短的特点，分为两个工区（区段），里程划分为DK0＋000～DK75＋293，DK75＋

293～DK105+000。其中第一工区划分为3个施工单元：DK14+800处一座特大桥；路基土石方；小桥涵群。第二工区划分为5个施工单元：DK92+000～DK105+000段正、站线路基土方$2.7\times10^5m^3$；其余路基土石方；小桥涵；8座大桥；2座隧道。

问题：

1. 结合工程背景，本工程施工任务分解采用的方法是什么？
2. 针对本工程的不同施工对象，应采取的施工作业组织形式是什么？
3. 确定不同施工作业顺序的依据是什么？
4. 进度计划优化调整的方式有哪几种？工期优化的原理是什么？
5. 当编制初始网络计划后计算工期为38个月，而目标工期为36个月，一般运用什么样的优化方式？当优化后的网络计划计算工期已经在36个月以内时，一般还要如何优化？

【案例34】

某集团公司先后中标电气化铁路新线站前工程6标和站后工程2标。站前工程主要工作内容有：路基、桥涵、隧道、轨道工程以及相应的大临及配合辅助工程。站后工程主要工作内容有：电力、电力牵引供电、通信、信号工程。其中：

路基工程总长度2.3km，挖方量80万m^3，填方量55万m^3。

桥梁1座，长度为360m，上部结构为跨径24m、32m的简支箱梁，采用支架现浇。

隧道1座，长度为2650m，施工图设计洞身围岩主要为弱风化花岗岩、石英砂岩及粉砂岩，围岩分级为Ⅱ、Ⅲ级，隧道最大埋深约230m，采用双口掘进，洞口设变压器。

接触网工程从红岗站至西陇站，全长26km。

施工过程中，发生以下事件：

事件1：项目经理部、安质部在对桥梁施工现场检查中发现以下问题：

（1）箱梁钢筋在桥梁外侧空地上进行切割、弯制和焊接；

（2）乙炔气罐和氧气罐并列存放，与钢筋焊接点距离不足3m；

（3）首层碗扣式脚手架采用相同长度立杆布置。

事件2：隧道出口段施工至365m处时，拱顶出现涌水，当时涌水量约为$1800m^3/h$，随着涌水量逐渐衰减，后保持在约$300m^3/h$。设计单位对涌水前方地段地质进行了补勘，查明地质情况是：岩体较破碎，节理裂隙较发育；地下水主要为构造裂隙水，较发育；前方75m判定为Ⅴ级围岩。

事件3：施工单位在牵引变电工程施工前编制了下列施工方案：

（1）大型设备运输前制定安装技术方案，严格按照技术方案组织检查和施工，大型设备到场后，应邀请公司、设计单位、监理单位人员到现场监督验收。

（2）变压器、断路器等设备到场后，按照有关工艺、工法组织施工，由监理单位对设备的电气性能进行检查测试，并出具质检报告。

（3）运动装置的安装与牵引变电施工同步，运动调试采用同步同级方式，在通信工程提供有效通道后，争取在最短时间内完成运动调试任务。

事件4：项目经理部接触网作业车停放在红岗站，车况良好，该区段线路铺轨已经完成，线路行车临时调度中心设在红岗站。项目经理部为确保接触网作业车行车运行安全，编制了施工安全措施方案：作业队提前申报日施工计划；接触网作业车按照批复的日施工计划进出区间进行施工；推动平板运行时，必须设行车引导员；区间作业车施工必须设现场防护员等。

问题：
1. 针对事件 1 存在的问题给出正确的做法。
2. 针对事件 2，为保证施工和运营安全可采取哪些涌水处理措施？
3. 针对事件 2，为保证隧道按期完工应采取哪些施工措施？
4. 逐条判断事件 3 中的做法是否正确，并对错误之处给出正确做法。
5. 针对事件 4，为确保接触网作业车运行安全还应采取哪些措施？

综合案例题答案

【案例 1】答：

1．（1）在投标阶段，B 企业的行为属于违法出借资质。理由是：《建设工程质量管理条例》规定，禁止施工单位允许其他单位或个人以本单位名义承揽工程。

（2）中标后，B 企业的行为属于转包行为。理由是：B 企业没有履行合同规定的责任和义务，没有组织实施工程施工管理，在收取 5% 的管理费后将全部工程交由 A 企业施工。

2．（1）合作协议无效。

（2）理由：协议的主要内容违反了国家相关法律、法规的禁止性规定，双方签订的协议属无效协议。

3．（1）正确。

（2）虽然 A 企业与 C 企业是实质供需关系，但由于供货合同是 A 企业以 B 企业项目经理部的名义与 C 企业签订的，A 企业行为仅属于表见代理行为，所以 B 企业与 C 企业是供货合同的法律主体。

【分析与提示】
1. 理解本案例要从投标过程和施工过程这两个时间段上分开来分析。
2. 此题需掌握《中华人民共和国招标投标法》的要求，分包、转包相关法律规定。

【案例 2】答：

1．施工单位 A 将桥涵顶进工程分包给施工单位 B 不合法。

原因：施工单位的分包应征得业主同意。

2．繁忙干线客运列车脱轨 18 辆以上并中断铁路行车 48h 以上的，为特别重大事故。

3．保证营业线上桥涵顶进施工的安全技术措施：

（1）顶进桥涵施工过程中要采取有效措施对线路进行加固，防止路基塌方和线路横向移动。

（2）顶进箱身时应在列车运行间隙进行，严禁在列车通过线路时顶进。

（3）顶进现场应具备适当数量的应急物资如道砟、枕木、钢轨等料具，一旦线路变形时，应立即抢修，确保行车安全畅通。

4．当掌子面前方发生坍塌时，如果未超出安全距离，立即顶进；如果超出安全距离时，要立即顶进，达到安全距离；如果有列车通过，又无抢修时间，严重影响列车通行安全时，宁可拦车，不可放车，且及时组织人员抢修线路，在确认具备列车通行条件时方可放车。

【分析与提示】
1. 转包、分包的法律规定。
2. 掌握营业线桥涵顶进的技术要求、安全措施。
3. 掌握顶进施工安全防控措施及应急预案。

【案例3】答：
1. 错误之处：（1）工艺试验确定4项工艺参数不完整；（2）检验成果由项目总工程师确认不妥。

正确做法：（1）再增加提升速度和单位桩长喷入量2项工艺参数；（2）工艺参数及成桩检验成果需报监理工程师确认。

【分析与提示】此题考查浆喷搅拌桩施工方法在软基工程中的应用。

2. 发生质量问题的可能原因是：（1）原材料水泥不合格；（2）水泥浆配合比不合理；（3）水泥浆的喷量不足；（4）搅拌不均匀；（5）桩头段复搅不充分。

处理措施：对质量不合格桩进行侧位补桩。

【分析与提示】此题考查浆喷搅拌桩施工方法在软基工程中的应用。对于分析原因的解题思路：要熟悉浆喷搅拌桩质量控制要点，分别从原材料选用、配合比选定、材料用量控制、施工工艺控制等影响成桩质量方面进行分析并查找原因。对于处理措施解题思路：要明确设置浆喷搅拌桩是为了提高地基承载力，一旦成桩质量不合格势必影响地基承载力达不到设计要求，通过侧位补桩可以实现上述目的。

3. 错误之处：（1）分层最大压实厚度为50cm，不符合规范要求；（2）纵向搭接长度为1.5m，不符合规范要求；（3）上下两层填筑接头错开为2m，不符合规范要求。

正确做法：（1）分层最大压实厚度应不大于30cm；（2）纵向搭接长度不应小于2m；（3）上下两层填筑接头错开不应小于3m。

【分析与提示】此题考查路基填筑工艺和质量要求。

【案例4】答：
1. A区段名称：检测区段；B工艺名称：检验签证。
2. 整改及防治措施：
（1）加强质量培训和技术交底。
（2）采用挖槽、定型模板等施工工艺。
（3）严格过程管理和工序验收，按照浇筑段对挖槽、模板安装质量进行验收，未经验收不得浇筑或砌筑。

3. 事件2中做法不妥之处的正确做法：高边坡防护应自上而下分级进行，开挖一级，防护一级。

4. 事件3中施工单位进行路堤填筑碾压施工的整改措施：碾压顺序为先两侧后中间；上下两层填筑接头错开不得小于3m。

【案例5】答：
1. 该路堤段软弱土层地基处理措施：

两段软弱地基，采取换填 A、B 组填料处理，其余地基在挖沟排水后采用推土机推除松软表土，然后采用压路机反复碾压处理。

2．该标段路基工程的施工技术方案是：

路堑表层采用推土机破土，然后分层开挖，采取潜孔钻钻爆和预裂爆破方法，路基填筑采取分层平起法。以挖掘机为主进行装土、自卸车运土、推土机摊平、压路机碾压，路堤填筑前软弱地基采取换填处理，其他地段采取推表后碾压处理，路基基床采用 A、B 组填料分层填筑，压路机碾压，基床质量采用密实度、孔隙率、地基系数三项指标检测控制。

3．该标段挖方安全施工的控制重点：

（1）挖方路堑钻爆施工；

（2）高边坡防护施工；

（3）土方运输和装卸车作业；

（4）高路堤两侧边缘处碾压。

4．该标段路基施工质量的控制重点：

（1）软弱地基的换填质量控制；

（2）路堑边坡稳定性、平顺性控制；

（3）钻爆时岩块粒径控制；

（4）过渡段填筑质量控制。

【分析与提示】

1．铁路工程上软弱地基和软土地基处理方法不同，软弱地基在厚度不大的情况下采取换填是常用的措施，换填的填料一般是要求渗水性好的粗填料，避免黏性土和细粒土。

2．施工技术方案描述一般是要表达所采用的机械设备、施工方法、重要检测方法和主要施工过程这几项主要内容。

3．质量安全控制重点一般要反映施工控制的重点部位或重点作业内容。

【案例 6】答：

1．路基填筑作业所需要的施工机械：

挖掘机、装载机、自卸车、推土机、压路机、洒水车。

2．路堤与涵洞过渡段填筑施工要求：

（1）选择符合要求的填料；

（2）选择合适的中小型碾压机械；

（3）控制好分层填筑厚度；

（4）控制好先后施工的路基接槎处理。

3．本案例路基施工作业的组织形式有：

路堤分为两段，即：小里程段和大里程段。

（1）平行作业组织：小里程段和大里程段同时平行施工。

（2）顺序作业组织：小里程段和大里程段一先一后顺序施工。

（3）交叉作业组织：先后将小里程段和大里程段的路基填高 1.0m，利用良好季节，完成不利部分的填筑，然后交叉完成剩余部分路基填筑。

4．路基填筑的主要施工步骤：

(1) 基底处理；

(2) 分层上土；

(3) 洒水碾压；

(4) 基床底层分层填筑；

(5) 基床表层分层填筑；

(6) 路基基顶成型；

(7) 边坡整理防护；

(8) 排水沟砌筑。

5．路堑挖方的主要施工步骤：

(1) 表层推土；

(2) 分层钻爆开挖；

(3) 基床成型；

(4) 路堑边坡防护；

(5) 侧沟、天沟砌筑。

【分析与提示】

1．方法要点一般要从材料选择、机械选型、工艺要点和注意要点上叙述。

2．施工步骤是将分部工程或单位工程拆解成较细的施工步骤按前后顺序进行的一种排列。

3．路堤和路堑施工步骤都要强调基床部分，这部分技术要求严格。

【案例7】答：

1．水泥浆搅拌桩的作用原理：

在搅拌桩机的上下旋转中将喷入的水泥浆与桩体内的泥土充分拌和，搅拌桩体发生化学固结并产生一定的承载力，同时桩间土在桩的限制下也产生一定的承载力，形成复合地基，能够承担路基土体自重和列车荷载。

水泥浆搅拌桩的主要施工步骤：

(1) 平整场地；

(2) 定位测量；

(3) 桩机就位；

(4) 向下旋钻至桩底；

(5) 边提钻边喷浆边搅拌；

(6) 桩头段二次复喷复搅。

2．水泥浆搅拌桩桩体的无侧限抗压强度不足，发生质量问题的原因可能有如下几方面：

(1) 水泥浆的主要材料水泥不合格；

(2) 水泥浆配合比不合适；

(3) 水泥浆喷量不足；

(4) 搅拌不均匀；

(5) 桩头段复搅拌不充分。

3．质量问题出现后应采取的补救措施：采取侧位补桩的措施。

【分析与提示】

1．浆喷桩的无侧限抗压强度不足的原因要从材料质量、材料数量、材料计量、施工工艺这几个方面寻找。

2．理解本案例要了解搅拌桩的原理和工艺。

【案例8】答：

1．塑料排水板的作用原理：

在下卧的软土层中插入塑料排水板，然后分层填筑路堤，随着路基填土产生的压力增大，软土中心的水分顺排水板的垂直排水通道向外排水，逐渐完成软土层的排水沉降固结过程，使软土层增加承载力，满足路基自重和列车荷载。

塑料排水板的主要施工步骤：

（1）铺设一层砂垫层；

（2）定位测量与桩机就位；

（3）安装桩靴，插打排水板；

（4）剪排水板、埋排水板。

2．本案例发生质量问题的原因可能有如下几方面：

（1）填筑速度过快；

（2）沉降观测不准确；

（3）地质勘测不准确，导致处理深度不够。

3．应采取的解决措施：

（1）立即停止填筑；

（2）卸载反压护道；

（3）设计复查；

（4）地质复勘；

（5）沉降观测复查；

（6）查明原因后恢复施工。

【分析与提示】

1．理解本案例要从软土排水固结原理上入门，了解软土路基填筑时沉降观测的重要性。

2．要明白反压护道的作用原理。

【案例9】答：

1．主跨钢梁的施工技术方案：

（1）在18号、19号墩完成后，自墩顶向两侧进行悬拼。

（2）墩顶段拼装后，在钢梁顶部对称安装2台移动起重机，循环提升钢梁杆件。

（3）采用定向扭矩扳手对高强度钢螺栓施拧，采用扭矩系数法控制预紧力。

（4）钢梁出厂前完成二度底漆、一度面漆，拼装完成后施作一度面漆，现场采用长臂式喷漆机喷涂。

2．边跨梁部工程施工步骤及投入的主要机械：

（1）边跨梁部工程施工步骤为：①梁场建设；②预制梁；③首三孔梁架设；④架桥机拼装；⑤运梁；⑥架桥机架梁；⑦桥面系安装。

（2）投入的主要施工机械有：梁场移梁龙门，梁场拌和机，张拉千斤顶，运梁车。

3．T梁预制的质量控制重点：

（1）梁体混凝土强度、弹性模量；

（2）梁体外形尺寸；

（3）梁体预埋件位置；

（4）梁体防水层质量；

（5）梁体外观质量。

4．该特大桥控制工期的部位和分部工程：

控制工期的部位有两处：一是特大桥主跨，包括主跨基础、墩身和钢梁架设；二是边跨T梁，包括预制、架设。

【分析与提示】

主跨被列为控制性工程是因为深水桥墩及主跨钢梁，边跨简支梁被列为控制性工程是因为铁路32m简支梁采用公铁两用架桥机，架梁、制梁有一定的难度，本案例32m简支T梁规模大、数量多。

【案例10】答：

1．施工单元划分与施工队伍配置见表3。

表3　施工单元划分与施工队伍配置

单元	范围	施工队伍配置
一	0～16号墩	桩基一队、桥梁一队
二	17～20号墩	桩基二队、桥梁二队、水上机械队
三	21～59号墩	桩基三队、四队，桥梁三队、四队
四	0～59号梁	制梁场、架梁队、钢梁队

2．全桥的施工顺序框图如图10所示。

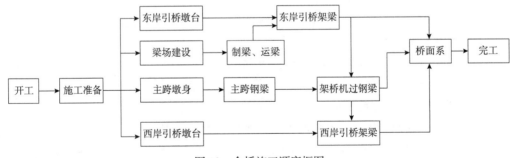

图10　全桥施工顺序框图

3．主跨的安全施工风险源如下：

（1）水上作业；

（2）高空作业；

（3）起重与架梁作业；

（4）钻桩、灌桩作业。

4．主跨安全作业预防措施要点如下。

（1）水上作业措施要点：
① 大风天气禁止水上浮动起重机、驳船的作业与运输；
② 设置明显的航道限界标识和防冲撞设施；
③ 进入航道区的施工船，要符合安全审定，严格按要求行驶；
④ 设置救生船，预防施工人员落水和准备随时抢救等。
（2）高空作业措施要点：
① 高空作业人员必须系安全带；
② 作业平台四周设置安全护栏；
③ 脚手架、作业平台要做安全验算；
④ 作业区下方严格控制人员进入。
（3）起重与架梁作业措施要点：
① 严禁超负荷起重；
② 必须设专人指挥作业；
③ 配置必要的通信器材；
④ 起重架梁时严禁重物下站人。
（4）钻孔与灌桩作业措施要点：
① 桩机安放必须稳固；
② 用电符合安全要求，防止漏电；
③ 起、拔钻杆、导管必须轻拿轻放；
④ 桩孔附近设置防滑板，防止人员滑入桩孔。

【分析与提示】
1. 总体施工顺序是表达一项工程或单位工程中主要施工项目（或施工工序）之间内在的逻辑顺序关系及安排的前后顺序关系。
2. 施工风险源也可以理解成容易发生危险的作业，此处有高空、水上、起重吊装、架梁、桩基作业等多个风险控制点。
3. 预防措施是指具体施工作业应该做到的做法和必须遵守的要求、准则。

【案例 11】答：
1. 事件 1 中的梁部施工还应配置的主要施工设备：挂篮、钢筋加工设备、张拉设备（或预应力设备）、混凝土拌和设备、混凝土振捣设备。
2. 事件 2 中施工方案不妥之处的正确做法：
（1）脚手架为独立体系（或与模板分离或不得与模板相接）。
（2）预压重量应不小于最大施工荷载的 1.1 倍（预压重量应大于最大施工荷载或预压重量应大于浇筑的混凝土重量）。
3. 事件 3 中技术交底内容不妥之处的正确做法：
（1）梁段预应力筋张拉应按先纵向再竖向后横向的顺序进行。
（2）预施应力采取双控措施，预施应力值以油压表读数为主，以预应力筋伸长值进行校核。
（3）纵向预应力筋张拉应在梁段混凝土强度达到设计值的 95%、弹性模量达到设计值的 100% 后进行，且必须保证张拉时混凝土的龄期不小于 5d。

【案例 12】答：

1. 区间有一处换边拨接龙口施工，其施工工序有：

（1）龙口以外的新线路基、桥涵、轨道施工。

（2）龙口处的路基帮宽施工。

（3）要点临时封锁线路，快速拨接，电务配合，形成单向施工。

（4）龙口部分的旧线改造，尾工施工，双线开通运行。

2. 拨接龙口处的施工步骤如图 11 所示。

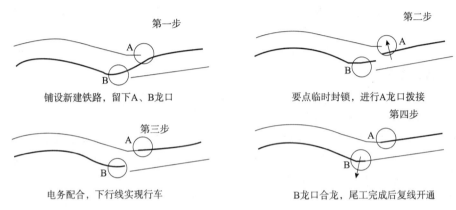

图 11　拨接龙口处的施工步骤

【分析与提示】

1. 铁路营业线轨道工程拨接采用图示来表达进程是比较好的表达方法，能够表达清楚在每个进程上的轨道位置。

2. 轨道拨接施工要了解铁路的行车知识。

【案例 13】答：

1. 车站施工过渡方案：

（1）12 号道岔预铺插入，铺设（Ⅲ）道延长部分，要点拆除旧岔，12 号道岔利用旧岔信号做平移。

（2）行车走（Ⅲ）道形成过渡，9 号与 12 号道岔直股锁闭，侧股开通，（Ⅰ）线、（Ⅱ）线股道区进行抬高改造施工，（Ⅱ）线两端道岔拆除。

（3）要点临时封锁，9 号、12 号道岔一次抬高 10cm。

（4）行车走（Ⅰ）道，（Ⅲ）道封锁，9 号与 12 号道岔直股开通，侧股锁闭。

（5）抬高（Ⅲ）道，恢复（Ⅲ）道行车。

（6）施工过渡完成，其余轨道工程结合车站改造逐步完成。

2. 单号道岔铺设方案和作业内容：

（1）1 号、7 号、11 号道岔采取原位直接铺设方案，其作业内容有铺砟碾压、铺岔枕、铺轨、精细整道（岔）。

（2）3 号、5 号道岔采取滑移插入的铺设方案，其作业内容有预铺道岔、要点封锁、整体滑移、恢复信号连接、精细整道（岔）。

3. 临时要点封锁施工程序：

（1）提前 1 个月递交申请报告。

（2）批准后进行施工准备。
（3）实施前 1h 施工单位安全人员驻站。
（4）设置施工标识，封锁作业至完成。
（5）检查线路与信号，解除封锁，撤除移动施工标识牌。
（6）施工人员撤出，驻站人员撤出。

【分析与提示】

1. 车站施工过渡方案的制定要考虑道岔在列车进站和出站时的使用及信号的配合，尽量不增加新的信号装置，一般考虑既有信号的平移，保证信号作用和使用条件未做改变。

2. 对于临时要点封锁施工程序，各个铁路局具体要求不完全相同，本案例只做示范。

【案例 14】答：

1. 应选择的铺架方案：在接轨站设置制梁场和轨排基地，采用机械化方案铺轨、架梁，铺架前采用汽车运输道砟，提前预铺道床。

原因：轨道工程和梁部工程规模大，应采取机械化铺架，接轨站有条件设置铺架基地，架构梁运输困难，应该在现场制梁，沿线石料丰富，可以就近分散铺设道床。

2. 按照经验，平均每天可以架梁 3 孔，铺轨 3km。

计算检验：$189 \div 3 + 360 \div 3 = 183d$，约为 6 个月，实施工期略小于要求工期，可行。

所以施工进度安排如下：
（1）制梁 3 孔/d，架梁 3 孔/d。
（2）轨排组装 3km/d（包括沿线轨排），正线铺轨 3km/d。
（3）站线铺轨 2km/d（利用架梁时间，铺轨机返回车站进行站线铺轨）。

3. 采取换铺法铺设无缝线路，主要施工步骤是：
（1）焊轨厂焊接长轨条；
（2）运输长轨条；
（3）现场焊接单元轨；
（4）换铺单元轨；
（5）应力放散和无缝线路锁定。

4. 主要机械设备：装梁龙门、运梁车、架桥机、轨排吊装龙门、轨排运输车、铺轨机。

【分析与提示】

1. 铁路上长轨条是指 300~500m 一节的轨条，一般在固定的焊轨厂内采用标准轨焊接而成。

2. 铁路上单元轨是指 2~4 根长轨条焊接而成的特长轨条，一般在现场采用气压焊或闪光接触焊焊接而成。

3. 了解铺架施工要从铺架基地作用预制梁和轨排的装、运、架、铺这几个环节上逐步进行，最后形成铺架知识体系。

【案例 15】答：

1. 轨道工程宜采用火车运输道砟、区间卸车、人工摊平、机械碾压、人工铺轨、机械化整道的施工方案。因为轨道工程规模不大，不宜采用机械化铺轨，并且公路交通条件较好，容易组织轨料运输。

2. 本案例为人工铺轨，其主要施工步骤是：

（1）测量定位，埋设线路桩；

（2）道床道砟铺设；

（3）轨枕道钉锚固；

（4）人工布枕；

（5）人工布轨；

（6）机械化整道。

3. 本案例需要的轨道施工机具有：

（1）道钉锚固架；

（2）起道机；

（3）拨道机；

（4）道砟捣固机；

（5）拉轨器（轨缝调节器）；

（6）钢轨探伤仪；

（7）锯轨机；

（8）打孔机；

（9）轨道尺等测量器具。

【分析与提示】

1. 区间卸车是指将材料列车停在区间，直接将运输的材料卸在复线铁路位置上，这是非常经济的运输方式，但是申请手续较为复杂，不宜频繁进行，因为区间卸车对繁忙的干线影响行车。

2. 机械化整道质量较高，所以本案例虽然可以进行人工整道，但不提倡。

【案例16】答：

1. 该段路基工程的主要施工步骤：

（1）基底处理；（2）路基上土平整；（3）碾压检测；（4）路基基床填筑碾压；（5）路基排水边坡防护。

2. 路基施工的质量控制重点：

（1）原地面清理及平整碾压；

（2）填料分层摊铺及压实厚度和压实工艺；

（3）路堤填筑层压实质量（压实系数、地基系数、相对密度、孔隙率）。

3. 该案例1-8m公路立交桥主要施工步骤：

（1）桥侧位基坑开挖；（2）顶进框构桥预制；（3）钢便梁架设与线路防护；（4）框构桥顶进；（5）钢便梁拆除及线路恢复。

4. 顶进桥的安全控制重点：

（1）防护便桥架设后列车安全；

（2）施工时需要拆除现有框构桥端翼墙、桥台护锥时，营业线路基安全；

（3）顶进现场施工人员安全；

(4) 施工机具堆放和作业机械在营业线旁的施工安全。

【分析与提示】

1. 钢便梁是铁路部门上研制的专门用于顶进施工时保护铁路线路安全的装置。
2. 钢便梁的架设和拆除要分次要点封锁线路多次作业才能完成。

【案例17】答：

1. 进口宜采取小导管超前注浆加固围岩、台阶法短进尺开挖、锚喷支护紧跟、初期支护尽早封闭成环的进洞措施。其施工步骤为：(1) 小导管注浆；(2) 上台阶开挖；(3) 隧道拱顶锚喷支护；(4) 下台阶开挖；(5) 边墙锚喷支护；(6) 底部开挖；(7) 仰拱施作。

出口宜采取长管棚支护、短进尺开挖、锚喷支护紧跟、尽早成环的技术措施。其施工步骤为：(1) 长管棚钻孔、插管、注浆；(2) 围岩开挖；(3) 格栅架立；(4) 混凝土喷射；(5) 底部开挖；(6) 仰拱施作。

2. 采用的施工方案：

进出口两个作业面同时掘进，进口采取小导管注浆超前支护的方法进洞，出口采取长管棚超前支护的方法进洞，洞身采取全断面开挖，锚喷初期支护，有轨出渣，扒渣机装岩、电动车牵引梭式矿车运渣，初期压入式通风，后期混合式通风，液压台车进行模筑衬砌。

决定施工方案的主要因素：

隧道长度、宽度、工期、地质状况。隧道长度与工期决定了隧道需要两头掘进方案，隧道长度、宽度决定了出渣需要采取有轨出渣、混合通风方案，优先考虑出渣方案、通风方案，然后考虑开挖、衬砌方案。

3. 该隧道洞身段的主要施工步骤：

(1) 开挖；(2) 通风；(3) 出渣；(4) 支护；(5) 仰拱与填充；(6) 挂铺防水板；(7) 衬砌；(8) 沟槽。

4. 主要施工安全控制重点见表4。

表4 主要施工安全控制重点

序号	重点项目	重点控制内容
1	开挖	风枪钻眼、装药点炮、炸药雷管运输保管，围岩清除
2	出渣	扒渣机作业、矿车运输作业
3	支护	格栅架立、锚杆钻眼，混凝土湿喷
4	挂铺防水板	施工台架稳定，台架上人员高空作业
5	衬砌	台车移动时的稳定，混凝土运输，泵送浇筑

【分析与提示】

1. 完整的施工方案包含了作业面数量安排、队伍安排、施工顺序安排以及所采取的施工方法和主要机械。本案例因为不能展开，只偏重施工方法和机械的描述，并不完整。
2. 施工安全控制重点的控制内容仅为示例，未做完全罗列。

【案例 18】答：

1. 安全穿越富水断层带的主要措施：
（1）超前帷幕注浆；
（2）短进尺台阶法开挖；
（3）小间距格栅或钢拱架喷射混凝土施工支护；
（4）仰拱施作支护封闭成环；
（5）衬砌紧跟；
（6）加强监控量测。

2. 出口石灰岩地质地段施工前后要做的防范措施：
（1）前方溶洞探测；
（2）前方岩溶水探测；
（3）有害气体探测；
（4）隧底或隧顶溶洞探测。

3. 应采取如下救人措施：
（1）靠近坍塌地段要加强支护，防止再次坍塌伤人；
（2）打入管道或通过完好的主供风管、主供水管向掌子面提供新鲜空气；
（3）通过管道向掌子面输送牛奶等食物；
（4）侧向钻爆打小洞或从坍方体内掏小洞进入掌子面救人。

【分析与提示】

1. 铁路上考虑水环境的保护，对隧道的富水断层破碎带，要求尽量采取"以堵为主，限量排放"的治水方针。

2. 有溶洞的地段，一般要考虑岩溶水的探测和有害气体的探测。

【案例 19】答：

1. 应采用 2 个作业面同时掘进。因为 1 个作业面不能满足工期要求，3 个作业面没有必要。2 个作业面完全能满足工期要求。

2. 梁场应该设在 3 号特大桥小里程桥头，这样使两端最大运梁距离相差不大且在隧道施工期间可先架设 3 号特大桥。

3. 架梁顺序：先架设 3 号特大桥，再架设 2 号特大桥，最后架设 1 号特大桥。

【分析与提示】

本案例考虑隧道常规的施工进度指标及架梁方案。

【案例 20】答：

1. 合理的施工工区和施工任务划分见表 5。

表 5 合理的施工工区和施工任务划分

工区	范围	施工单位	施工任务
一	起点～隧道中央	一公司	1号、2号桥及路基、1/2隧道
二	隧道中央～3号桥钢梁（含）	二公司	1/2隧道、制梁、架梁，1/3的3号桥施工
三	3号桥钢梁（不含）～终点	三公司	2/3的3号桥施工

2. 重新划分的施工工区和施工任务见表 6。

表6 重新划分的施工工区和施工任务

工区	范围	施工单位	施工任务
一	起点～隧道进口	一公司	管区内路基、1号、2号桥梁下部
二	隧道进口～隧道出口	隧道公司	隧道
三	隧道出口～3号桥中央	二公司	管区内路基、3号桥梁的1/2下部
四	3号桥中央～终点	三公司	管区内路基、3号桥梁的1/2下部
五	1号、2号、3号桥制梁、架梁	桥梁公司	梁场建设、制梁、架梁、桥面系等

3．该合同段内控制性工程是：梁场建设，钢梁拼装，箱梁预制、架设，隧道掘进，隧道衬砌。

4．总体施工方案调整：

（1）隧道增加工作面，加快制梁场制梁进度。

（2）1号、2号桥采用移动模架施工，减小制梁场规模，箱梁不过隧道。

【分析与提示】

1．方案调整不止两个方案，仅供参考。

2．方案调整（2）中，当1号、2号桥梁高度不高时，也可采用支架现浇法施工，不一定非要采取移动模架，或者二者结合。

【案例21】答：

1．应属于一般事故。

2．轨道工程的质量管理措施：

（1）轨道工程采用的主要材料、构配件和设备、施工单位应对其外观、规格、型号和质量证明文件等进行验收，并经监理工程师检查认可。凡涉及结构安全和使用功能的，施工单位应进行检验，监理单位按规定进行平行检验或见证取样检测。

（2）各工序应按施工技术标准进行质量控制，每道工序完成后，施工单位应进行检查，并形成记录。

（3）工序之间应进行交接检验，上道工序应满足下道工序的施工条件和技术要求。相关专业工序之间的交接检验应经监理工程师检查认可，未经检查认可或检查不合格的不得进行下道工序施工。

3．应采取的预防措施包括：

（1）按设计底座板顶标高控制，铺板前检查验收，及时处理有通病的底座板。

（2）轨道板底部大多存在3mm毛边，在轨道板粗铺前采用砂轮机对轨道板底部进行打磨，消除毛边对自密实混凝土厚度的影响。

（3）轨道板精调后、自密实混凝土模板安装前，检查板底自密实混凝土预留厚度是否存在不足，如发现问题应及时处理。

【分析与提示】

掌握路基、桥涵、隧道、轨道工程的质量管理措施。

【案例22】答：

1．应选择第三种施工方案。第一种施工方案违反了安全操作规程，既无法保证工程质量，也不能保证行车安全和施工安全；第二种施工方案虽能保证施工安全，但造价过高；第三种施工方案能保证工程质量，也能保证施工安全和行车安全。

2．首先进行线路防护和线路封闭工作；然后采用机械将轨道抬起，掏走一些道砟和路基的土，但不能超挖路基土；挖走道砟和土到设计位置，换铺钢轨；最后是机械整道工作。

3．（1）施工前应做好的施工准备工作：① 施工单位要与铁路设备管理部门和行车组织部门分别签订施工安全协议书，明确安全责任；② 将施工计划经设备管理部门会签后报请行车组织部门批准，纳入月度施工计划；③ 施工前，要向设备管理部门进行施工技术交底，特别是影响行车安全的工程和隐蔽工程；④ 施工前应做好营业线设施的安全防护工作；⑤施工用的临时道口必须报经有关部门批准。

（2）封锁拨接施工前，施工单位应在要点站施工登记本上按施工方案确定的内容登记要点申请。

【分析与提示】

掌握营业线施工的要求。

【案例23】答：

1．不正确。根据现行规定，工程施工承包单位不得转包和违法分包工程。确需分包的工程，应在投标文件中载明，并在签订的合同中约定。开工后拟将部分工程任务分包给某专业承包商，必须经过建设单位的同意后进行。

2．B公司对本工程中因质量问题返工造成损失负有直接责任，施工总承包企业（A公司）向业主对分包工程出现的质量问题承担连带责任。业主向A公司索赔，A公司向B公司索赔。

3．保证软基处理工程工期的施工措施：（1）调整优化剩余工作施工进度计划；（2）加大施工人员和设备的投入量，增加施工工作面，加快施工进度；（3）调整工作班制，由每天一班制调整为每天两班制，加快施工进度；（4）加强劳动力管理；（5）加强施工调度，保证连续作业，提高劳动效率；（6）完善冬雨期施工措施，避免窝工；（7）及时验工计价，保证资金供应。

【案例24】答：

1．不正确。

主要不妥之处在于：应考虑路基土石方的调配，一般挖填相间段应放在一个工区，以便土方填挖平衡；不应将DK9＋000～DK11＋000段特大桥中间划段。

2．路堑施工方法不正确。

（1）土、石傍山路堑不应采用全断面开挖，而应采用纵向台阶开挖法。

（2）对于路堑石方开挖，严禁采用峒室爆破法施工，对于边坡高度大于20m的坚硬岩石可采用光面、深孔、预裂爆破。

（3）对于土质路堑不应采用由下而上纵向全宽逆坡开挖，而应是采用由上而下纵向全宽逐层顺坡开挖。

（4）土质路堑施工严禁掏底开挖。

3．代表的工序名称：A：平整区段；B：检测区段；C：施工准备；D：分层填筑；E：洒水晾晒；F：检测签证。

4．（1）填筑包心路堤时将渗水性强的填料填筑在堤心，将渗水性弱的填料填筑在路堤两侧不妥，应将渗水性弱的填料填筑在堤心，将渗水性强的填料填筑在两侧。
（2）不同种类的填料不得混杂填筑，每一水平层的全宽应采用同一种填料。

5. 不能。根据《铁路路基工程施工质量验收标准》TB 10414—2018 的规定，如果有允许偏差的项目是一般项目，则允许有 20% 检测点的实测值超出给定允许偏差范围，但最大偏差不得大于给定的允许偏差值的 1.5 倍。碎石桩桩径允许偏差为 -50mm，就是要求 80% 及以上的桩的桩径不允许比设计值小 50mm，允许有不大于 20% 的桩比设计值小 50mm，但最大不允许小于 75mm。

【分析与提示】
掌握路基工程的施工要点。

【案例25】答：
1. 根据背景资料，施工单位应编制下列安全专项施工方案：
（1）基坑防护与基桩开挖工程；
（2）起重吊装工程；
（3）脚手架工程；
（4）高空作业；
（5）水上作业；
（6）道路安全作业；
（7）模板工程。

2. 安全技术交底应由项目技术负责人就有关安全施工的技术要求向施工作业班组、作业人员进行详细书面说明，并由双方签字确认。

3. 事故发生后，施工单位不仅应及时、如实地向建设单位报告，同时还应向当地安全生产监督管理部门报告。

4.（1）该专项施工方案未履行总监理工程师审核的程序。安全专项施工方案，应进行评估（或分析、检算），经技术负责人签字、总监理工程师审核后实施。
（2）该项目部要求作业班组长在现场监督实施是错误的。安全专项施工方案，要求由专职安全管理人员进行现场监督实施。

【案例26】答：
1. 当考虑存梁场地受限制或工期紧张时，按以下方法计算：为使制梁进度与架设进度基本均衡，制梁应至少提前 35d 开始，持续时间为 420/2 = 210d，每天按平均 2 孔进度生产，需 10 个制梁台座。
制梁台座数量：制梁总数量/（制梁工期/每片梁在台座的周转时间）= 420/（210/5）= 10 个
存梁台座数量：35×2 = 70 个

2. 若有场地存梁，工期不紧张时，可采用下面方式：如计划架梁进度不变，可按架梁进度指标的一半安排预制进度，即 1 孔/d，需 5 个制梁台座，存梁台座数量将大幅度增加，将达到箱梁孔数的 50%。

【案例27】答：
1. 存在的质量问题：
（1）片石块偏小，不满足最小粒径应大于 15cm 的要求；

（2）缝隙处砂浆不饱满，可能采用灌浆法施工，未采用挤浆法施工；
（3）挡墙后面路基边坡处存在膨胀土，填料及填筑不符合验收标准要求。
2．施工单位质量管理存在的问题：
（1）施工质量管理体系不健全；
（2）技术负责人未对现场管理人员和施工人员做好技术交底；
（3）质量计划不完整。
3．不完整。还缺少以下内容：
（1）组织机构；
（2）必要的质量控制手段，施工过程、服务、检验和试验程序等；
（3）关键工序的确定和特殊过程及作业指导书；
（4）与施工阶段相适应的检验、试验、测量、验证要求。

【案例28】答：
1．隧道内洞口段合理的施工防排水原则：为避免和减少水的危害，应按以堵为主，限量排放的原则进行治水。
理由：水土保护［或（1）村庄、水田；（2）隧道局部地段浅埋，围岩破碎］。
2．施工工序中代表的名称：A为初期支护，B为二次衬砌。
3．防水板搭接工序中的C为15；防水板铺设工序中的D为60。
4．关系曲线图显示该围岩所处的状态是危险（1级管理）状态。
应对措施有：（1）停止掘进（开挖）；（2）立即撤人；（3）加强临时支护（临时仰拱、喷锚支护、钢架、锚杆等）；（4）加强监控（量测）。

【案例29】答：
1．隧道掘进循环时间及进度指标安排见表7。

表7　隧道掘进循环时间及进度指标安排表

名称	围岩类别			备注
	Ⅲ级围岩	Ⅳ级围岩	Ⅴ级围岩	
循环进尺（m）	4	2.5	1.5	（1）考虑施工中一些不利因素的影响，实际安排的生产能力有所折减。 （2）超前地质预报根据具体情况使用长期、中期、短期相结合的方法进行
地质预报（min）	30	30	80	
测量放线（min）	30	30	30	
超前支护（min）	—	—	260	
钻孔（min）	200	120	80	
装药（min）	120	120	120	
爆破（min）	10	10	10	
通风（min）	64	60	60	
找顶（min）	50	50	50	
初期支护（min）	120	150	257	
装、运渣（min）	240	150	90	
循环作业时间（min）	864	720	1037	

续表

名称	围岩类别			备注
	Ⅲ级围岩	Ⅳ级围岩	Ⅴ级围岩	
理论进尺（m/月）	200	150	62.5	每月按30d计算，每天按24h三班作业
进度指标（m/月）	160	120	50	考虑实际施工各种不利因素，按理论进度的80%安排

2．5个隧道作业队的洞身掘进工期计算如下：

（1）各施工单元的掘进工期计算见表8。

表8　隧道洞身掘进工期计算表

单元	围岩长度（m）			工期（月）	备注
	Ⅲ类	Ⅳ类	Ⅴ类		
掘进指标（m/月）	160	120	50	—	
A	—	86	168	4.08	掘进指标： Ⅲ级：160m/月 Ⅳ级：120m/月 Ⅴ级：50m/月
B	1730	700	—	16.65	
C	470	400	400	14.27	
D	730	—	—	4.56	
E	680	—	—	4.25	
F	70	600	600	17.44	
G	1562	550	195	18.25	

（2）5个隧道作业队的洞身掘进工期分别为：

隧道出口作业队掘进工期：包括施工准备、出口段洞口施工、洞身A单元施工。掘进工期为：3＋1＋4.08＝8.08月。

隧道横洞作业队掘进工期：包括施工准备、横洞施工、洞身B单元施工。掘进工期为：3＋3＋16.65＝22.65月。

隧道1号斜井作业队掘进工期：包括施工准备、1号斜井施工、洞身C或D单元施工（两者比较取大值）。掘进工期为：3＋7＋14.27＝24.27月。

隧道2号斜井作业队掘进工期：包括施工准备、2号斜井施工、洞身E或F单元施工（两者比较取大值）。掘进工期为：3＋6＋17.44＝26.44月。

隧道进口作业队掘进工期：包括施工准备、进口段洞口及明洞施工、洞身G单元施工。掘进工期为：3＋3＋18.25＝24.25月。

【案例30】答：

1．施工组织安排存在的问题：

（1）该施工单位采取的并不是正台阶法，下台阶开挖太快。

（2）Ⅳ～Ⅴ级围岩属于软弱围岩，循环进尺太大，违反软弱围岩应"短开挖"的原则。

(3)支护不及时。

(4)衬砌封闭太慢。

(5)在出口段浅埋隧道未采取合理的超前支护和地表预加固措施。

(6)在现场未显示出采取合理科学的监控量测措施,对围岩特别是上拱部施工变形未监控到位。

2. 通过冲沟地段,应采取以下措施:

(1)实施超前地质预报和地质探测;

(2)在出口段进行地表注浆预加固,提高冲沟处围岩稳定性;

(3)在洞内开挖采取长管棚超前支护或小导管超前支护;

(4)短进尺,弱爆破,减少对围岩的扰动;

(5)加强监控量测,观测围岩变形;

(6)加强径向锚喷支护,早封闭,快衬砌。

3. 靠近坍塌地段要加强支护,防止再次坍塌伤人;打入管道或通过完好的通风管、主供水管向掌子面提供新鲜空气;通过管道向掌子面输送牛奶等食物;侧向钻爆打小洞或从塌方体内掏小洞进入掌子面救人;联系数量足够的 120 救护车和医务人员,在营救现场待命抢救伤员。

【案例 31】答:

1. 施工任务的分解要保证工期、便于资源组织调配、任务均衡。分解时要考虑路基土石方的调配和隧道出渣的利用,要考虑展线地段的施工干扰,一般不在桥隧建筑物中间、车站内及线路曲线上划段。

2. 施工队伍配备见表 9。

表 9 施工队伍配备表

工程	一工区	二工区	三工区	
轨道	轨道架子一队			
隧道	隧道架子一队	隧道架子二队	—	隧道架子三队
路基	路基架子一队	路基架子二队	路基架子三队	
桥涵	桥涵架子一队	桥涵架子二队	桥涵架子三队	桥涵架子四队

3. 该项目施工阶段划分:

(1)施工准备阶段:进场调遣与各项准备,达到开工条件;

(2)线下施工阶段:桥涵、路基、隧道的主体施工达到道床铺设条件;

(3)线上施工阶段:轨道工程、主体工程的附属工程、电务配合;

(4)收尾阶段:达到初验条件。

4. 项目前期策划工作包括测量工作策划、试验工作策划、质量工作策划、安全工作策划等。

【案例 32】答:

1. 本工程的长度为 28km,工期 16 个月,工程类型包括路基、桥涵和隧道工程,考虑路基的调配方案和隧道出渣的利用,可将工程划分为如下三个施工工区(平面示意图如图 12 所示）。

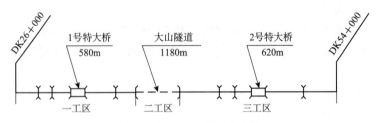

图 12　施工工区平面示意图

从起点 DK26＋000 到大山隧道入口为一工区，配备路基施工架子一队，负责本工区路基工程；桥涵施工架子一队，负责 1 号特大桥工程和本区的小桥涵工程。

大山隧道为二工区，配备隧道施工架子队一个。

从大山隧道出口到终点 DK54＋000 为三工区，配备路基施工架子二队，负责本工区路基工程；桥涵施工架子二队，负责 2 号特大桥工程和本区的小桥涵工程。

2．可以平行施工或顺序施工的工程（或工序）：土石方工程，小桥涵工程。

必须先后施工的工程（或工序）：2 号桥利用 1 号桥钢模板，先施工完 1 号桥，再施工 2 号桥；先施工完线下工程，才能进行轨道工程施工。

3．为确保铺轨按期通过本标段，应加快施工进度，对重点工程施工组织应该调整如下：

隧道可由原来的单口掘进施工方案修改为进出口双口掘进，以增加施工工作面。

考虑 1 号桥工程量仅完成 35％，2 号桥尚未开工，应增加模板按流水作业组织两个桥的施工，以加快施工进度。

【分析与提示】

掌握工区划分、施工队伍配备、施工顺序组织。

【案例 33】答：

1．本工程规模比较大，因此，应首先将整个铁路项目分解为两个工区；再根据工程项目所包含的不同类别的工程，继续分解为不同的施工单元。每个单元由几个单位工程组成，或由一个较大的单位工程构成。

2．针对本工程的不同施工对象，应采取的施工作业组织形式是：一般几个工区按平行作业组织施工；工区内同一类型的单位工程按流水作业组织施工；单位工程内一个工作面上按顺序作业组织施工。

3．确定不同施工作业顺序的依据：

（1）统筹考虑各工序之间的工艺关系和组织关系；

（2）考虑施工方法和施工机械的要求；

（3）考虑当地气候条件和水文要求；

（4）安排施工顺序要考虑经济和节约、降低工程成本。

4．进度计划优化调整的方式有工期优化、费用优化和资源优化。

工期优化是以工期合理或缩短工期为目标，使其满足规定的总体要求，对初始网络计划加以调整。一般是通过压缩关键工作的持续时间或者调整分项工程的搭接关系，从而缩短关键线路。压缩关键线路的时间时，会使某些时差较小的次关键线路上升为关键线路,这时需要再次压缩新的关键线路,如此依次逼近,直到达到规定工期为止。

5. 当初始网络计划计算工期大于目标工期时,一般应进行工期优化或费用优化;当优化后的网络计划计算工期已经在目标工期以内时,一般还要进行工期固定、资源均衡的优化。

【案例34】答:

1. 正确的做法:

(1)应当设立钢筋加工场,采用工厂加工半成品,现场绑扎。

(2)乙炔气罐和氧气罐之间存放距离应不小于5m,乙炔气罐和氧气罐与焊接点距离应不小于10m。

(3)碗扣式脚手架首层立杆应采取不同长度交错布置。

2. 采取的措施:

(1)超前地质预报,查明地质状况;(2)采取帷幕注浆止水;(3)增设泄水导坑。

3. 采取的施工措施:

(1)洞外增设斜井(横洞);(2)洞内增设迂回导坑。

4.(1)不正确,正确说法是:邀请厂家、建设单位、监理单位人员到现场监督验收。

(2)不正确,正确说法是:由具有国家计量认证资质的试验单位对设备的电气性能进行检查测试,并出具试验报告。

(3)不正确,正确说法是:运动调试采用同步分级方式。

5. 还应采取的措施是:

(1)按照调度命令上的限速进行行驶;

(2)平板车上的料具必须装载加固;

(3)运行途中,作业台上不允许有人;

(4)施工负责人、驻站联络员、现场防护员之间的通信必须保持畅通。

综合测试题（一）

一、单项选择题（共20题，每题1分。每题的备选项中，只有1个最符合题意）

1. 对工程项目的一般测量科目必须实行（　　）。
   A．彻底换手测量　　　　　　B．同级换手测量
   C．更换全部测量仪器　　　　D．更换全部测量人员

2. 桥梁施工测量方法有：控制测量、墩台定位及其轴线测设、桥梁结构细部放样、变形观测和竣工测量等。对于小型桥一般不进行（　　）。
   A．控制测量　　　　　　　　B．墩台定位及其轴线测设
   C．桥梁结构细部放样　　　　D．变形观测和竣工测量

3. 对混凝土有快硬高强要求的条件下不宜使用（　　）。
   A．硅酸盐水泥　　　　　　　B．普通硅酸盐水泥
   C．快硬硅酸盐水泥　　　　　D．复合硅酸盐水泥

4. 钢筋工程施工中，预制构件的吊环必须采用（　　）制作。
   A．经冷拉处理的热轧光圆钢筋
   B．经冷拉处理的热轧带肋钢筋
   C．未经冷拉处理的热轧光圆钢筋
   D．未经冷拉处理的热轧带肋钢筋

5. 当混凝土生产条件能在较长时间内保持一致，且同一品种混凝土强度变异性能保持稳定时，可采用（　　）评定。
   A．加权平均法　　　　　　　B．标准差已知方法
   C．算术平均法　　　　　　　D．专家评估方法

6. 关于路基普通填料要求的说法，正确的是（　　）。
   A．按工程性能及级配特征可分为 A、B、C、D 组填料
   B．有机土（有机质含量小于10%）可作为路基填料使用
   C．膨胀土、盐渍土作为路基填料使用应符合现行《铁路路基设计规范》TB 10001 的相关规定
   D．母岩饱和单轴抗压强度小于30MPa的粗粒土填料组别划分应结合试验和地区经验确定

7. 路线通过软弱土层位于地表、厚度小于3m且呈局部分布的软土地段，可采用

的软土路基处理方法为（　　）。
A．真空预压　　　　　　　B．袋装砂井法
C．堆载预压　　　　　　　D．开挖换填法

8. 钢板桩围堰的施工程序是（　　）。
A．围囹设置→围囹安装→钢板桩整理→钢板桩的插打和合龙
B．围囹设置→钢板桩整理→围囹安装→钢板桩的插打和合龙
C．钢板桩整理→钢板桩插打→围囹设置→围囹的安装和合龙
D．钢板桩整理→围囹设置→围囹安装→钢板桩的插打和合龙

9. 混凝土护壁除（　　）外，适用于各类土的开挖防护。
A．粗砂及砂性土　　　　　B．细砂及黏性土
C．细砂及砂性土　　　　　D．流沙及呈流塑状态的黏性土

10. 在隧道围岩基本分级的基础上，结合隧道工程的特点，对围岩级别进行修正时不需要考虑的因素是（　　）。
A．地下水出水状态　　　　B．初始地应力状态
C．开挖前稳定状态　　　　D．结构面产状状态

11. 正线与站线、道岔区联结处无砟道床一般采用（　　）。
A．轨枕埋入式无砟轨道　　B．CRTS Ⅰ型板式无砟轨道
C．CRTS Ⅱ型板式无砟轨道　D．CRTS Ⅲ型板式无砟轨道

12. CRTS Ⅲ型轨道板预制钢筋焊接采用搭接焊工艺，按技术要求钢筋间十字交叉时应采用"L"形钢筋焊接，焊缝长度为（　　）。
A．单面焊接不小于100mm，双面焊接不小于50mm
B．单面焊接不小于100mm，双面焊接不小于55mm
C．单面焊接不小于110mm，双面焊接不小于50mm
D．单面焊接不小于110mm，双面焊接不小于55mm

13. 下列软母线的安装及调整工序中，属于"母线连接"紧后工序的是（　　）。
A．金具安装　　　　　　　B．弛度调整
C．跳线连接　　　　　　　D．母线悬挂

14. 下列电器设备具备的特点中，属于隔离开关的是（　　）。
A．具有简单的灭弧装置，能切断额定负荷电流和一定的过载电流
B．在铁路牵引供电系统中，主要用于所用变压器和故障判别装置系统中
C．无灭弧能力，只能在没有负荷电流的情况下分、合电路
D．最简单的保护电器，它用来保护电气设备免受过载和短路电流的损害

15. 关于光电缆在槽道内接续时，接头余留要求的说法，正确的是（   ）。
    A．光缆宜做"V"余留　　　　B．光缆宜做"Ω"余留
    C．光缆宜做"∽"余留　　　　D．光缆宜做圈形余留

16. 下列转辙装置施工工序中，属于"转辙机及杆件安装"紧后工序的是（   ）。
    A．配合轨道确定安装条件
    B．外锁闭及安装装置安装
    C．单机机械调整试验
    D．密贴检查器、锁闭检查器安装

17. 在铁路线路上架设电力、通信线路，埋置电缆、管道设施，穿凿通过铁路路基的地下坑道，必须经（   ）同意，并采取安全防护措施。
    A．当地人民政府　　　　　　B．铁路产权单位
    C．工程建设单位　　　　　　D．铁路运输企业

18. 变更设计必须坚持（   ）的原则，严格依法按程序进行变更设计，严禁违规进行变更设计。
    A．"先批准、后实施，先设计、后施工"
    B．"先批准、后设计，先审核、后施工"
    C．"先批准、后实施，先设计、后审核"
    D．"先批准、后审核，先设计、后施工"

19. 施工组织设计应突出（   ）和联调联试及运行试验两条主线。
    A．路基工程　　　　　　　　B．隧道工程
    C．桥梁工程　　　　　　　　D．铺架工程

20. 施工作业组织时，将整个工程项目分解成若干个单位工程，按照一定的施工顺序，前一单位工程完成后，后一单位工程才开始施工的作业方法是（   ）。
    A．流水作业法　　　　　　　B．顺序作业法
    C．交叉作业法　　　　　　　D．平行作业法

二、多项选择题（共10题，每题2分。每题的备选项中，有2个或2个以上符合题意，至少有1个错项。错选，本题不得分；少选，所选的每个选项得0.5分）

1. 对于测量成果的记录、计算、复核和检算，以下说法正确的是（   ）。
    A．所有测量成果必须认真做好记录
    B．按规定用铅笔填写在规定的表格内
    C．错误之处直接用橡皮涂擦掉后改正
    D．计算成果应书写清楚、签署完整
    E．无论人工还是电子记录都应有备份

2. 铁路工程路基施工测量内容包括（　　）等。
   A．路基横断面测量　　　　B．路基改河改沟测量
   C．线路中线贯通测量　　　D．路基施工放样
   E．地基加固工程施工放样

3. 下列属于水泥质量评定标准的有（　　）。
   A．优质水泥　　　　　　　B．优良水泥
   C．合格水泥　　　　　　　D．不合格水泥
   E．废品

4. 关于选定混凝土配合比的说法，正确的有（　　）。
   A．为提高混凝土的耐久性，混凝土中应适量掺加粉煤灰等矿物掺合料
   B．混凝土中三氧化硫含量不应超过胶凝材料总量的4.0%
   C．当为硫酸盐化学侵蚀环境时，胶凝材料的抗蚀系数不得小于0.50
   D．钢筋混凝土的混凝土氯离子含量不应超过胶凝材料总量的0.10%
   E．预应力混凝土的混凝土氯离子含量不应超过胶凝材料总量的0.06%

5. 冲击（振动）碾压施工前应选取代表性场地进行工艺性试验，需确定的工艺参数有（　　）。
   A．碾压走行路线　　　　　B．碾压走行速度
   C．单点夯击次数　　　　　D．夯击时间间隔
   E．碾压遍数

6. 关于锤击沉桩施工要求的说法，正确的有（　　）。
   A．锤击沉桩应重锤低击，不应采用大能量锤击沉桩
   B．坠锤落距不宜大于3m，单打汽锤落距不宜大于2m
   C．桩尖距设计高程不大于2m时一般不应采用射水下沉
   D．在预计或有迹象进入软土层时，应改用较高落距锤击
   E．当落锤高度已达规定最大值和每击贯入度不大于2mm时，应立即停锤

7. 关于隧道钢筋网施工要求的说法，正确的有（　　）。
   A．混凝土保护层厚度不得小于2cm
   B．钢筋网片应按设计网格尺寸在施工现场制作
   C．钢筋网应在初喷混凝土后铺挂，使其与喷射混凝土形成一体
   D．钢筋网搭接长度应为1～2个网格，应与其他固定装置连接牢固
   E．采用双层钢筋网时，第二层钢筋网应在第一层钢筋网被混凝土覆盖后铺设

8. 关于隔离开关及负荷开关安装与调整要求的说法，正确的有（　　）。
   A．隔离开关的相间距离误差220kV及以上不应大于10mm

B. 隔离开关、负荷开关的闭锁装置动作灵活、正确、可靠

C. 跌落式熔断器的熔管轴线与铅垂线的夹角应为 15°～30°

D. 带有接地刀的隔离开关，主触头与接地刀间的机械或电气闭锁正确、可靠

E. 三相联动的隔离开关在分合闸时触头应同时接触，触头接触时的不同期值一般为：10～35kV 小于 5mm，63～110kV 小于 10mm，220～330kV 小于 20mm

9. 接触网中心锚结种类可以分为（　　）。
   A. 两跨式　　　　　　　B. 防断型
   C. 三跨式　　　　　　　D. 防窜型
   E. 防滑型

10. 下列铁路工程施工质量通病中，属于桥梁工程下部结构的有（　　）。
    A. 基坑超挖、基底扰动　　　B. 桥梁承台外露
    C. 墩身预埋钢筋未切除　　　D. 防撞墙出现裂纹
    E. 墩身蜂窝麻面、裂纹

三、实务操作和案例分析题（共5题，1、2、3题每题20分，4、5题各30分）

【案例1】

某段普通铁路增建二线工程，主要工程项目有路堑、路堤和桥梁。其中路堑段增建的二线铁路紧邻既有线，断面设计是对既有线靠山侧山体进行扩挖，最大开挖高度为10m，开挖体地质为强风化、中风化泥岩，主要支挡工程为抗滑桩；路堤大部分地段位于一水库上游，设计为单绕新建路堤，基床底层及以下路堤填料采用砂砾石，基床表层采用级配碎石。施工中发生以下事件：

事件1：路堑开挖施工前，施工单位编制了专项施工方案。方案主要要点是：先将该路堑段设计相邻的10根抗滑桩同时开挖，开挖完成后集中灌筑混凝土；待抗滑桩全部完成后，再进行石方开挖，开挖方式采用浅孔爆破。

事件2：正式填筑路堤前，施工单位进行了路堤填筑（基床底层及以下路堤）工艺性试验，试验段位置选择在地势平坦的路堤中间地段，长度选择为80m。工艺性试验形成的成果包括：机械设备组合方式、松铺厚度、压路机碾压方式和碾压遍数。监理工程师检查发现试验段选定不符合规范要求，报送的工艺性试验成果内容不全。

事件3：路堤与桥台过渡段填筑时，施工单位先填筑台后过渡段路堤，再填筑桥台锥体；在大型压路机碾压不到的部位及台后2.0m范围内，填料铺筑厚度按30cm控制，采用人工配合挖掘机压实。

【问题】

1. 事件1中，施工单位的施工方案是否正确？并说明理由。
2. 针对事件2中试验段选定存在的不妥之处，给出正确做法。
3. 针对事件2，补充工艺性试验成果内容。
4. 针对事件3中施工单位做法存在的不妥之处，给出正确做法。

【案例2】

某集团公司承建高速铁路站前工程第一标段,其中某桥梁主跨为(48+80+48)m双线预应力混凝土连续箱梁,采用悬臂浇筑法施工,边跨直线段采用满堂支架现浇。

施工过程中发生以下事件:

事件1:连续箱梁施工前,施工队拟配置的梁部施工设备有:垂直运输设备、水平运输设备、压浆设备、托架、支架、模板、试验设备。

事件2:边跨直线段施工前,项目经理部编制了专项施工方案:要求将施工作业平台脚手架与梁部模板连接牢固,以增加脚手架的安全性。底模安装完成后,对支架进行预压,预压重量设定为最大施工荷载的1.0倍,分三次预压到位。

事件3:项目经理部委托了第三方监测单位对梁部线形进行监测。标准梁段施工前,项目经理部对施工队进行了技术交底,要求每浇筑完成3个梁段后,根据第三方监测单位的监测数据调整梁部线形;梁段混凝土达到张拉条件后,前移挂篮,再张拉纵向预应力筋;合龙段施工前,应分析气温变化情况,在施工当天选定近5天平均气温时段锁定合龙口并浇筑混凝土;中跨合龙段混凝土具备张拉条件后,先拆除0号块支座临时固结,再张拉底板预应力筋。

【问题】

1. 针对事件1,梁部施工还应配置哪些主要施工设备?
2. 针对事件2中施工方案的不妥之处,写出正确做法。
3. 针对事件3中技术交底内容的不妥之处,写出正确做法。

【案例3】

某建设工程合同工期为25个月,经总监理工程师批准的施工总网络进度计划如图1所示。

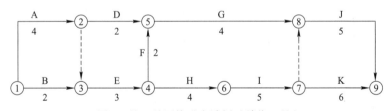

图1 施工总网络进度计划(单位:月)

当该计划执行至7个月末时,发现施工过程D已完成,而施工过程E拖后两个月。

由于E工作延误是承包人自身原因造成的,故应采取工期-成本优化方式压缩后续关键工作持续时间以保证目标工期。

压缩某些施工过程的持续时间,各施工过程的直接费率及最短持续时间见表1。

表1 各施工过程的直接费率及最短持续时间

施工过程	F	G	H	I	J	K
直接费率(万元/月)	—	10.0	6.0	4.5	3.5	4.0
最短持续时间(月)	2	3	5	3	3	4

【问题】
1. 请说明施工过程 E 的实际进度是否影响原计划总工期？为什么？
2. 在不改变各施工过程逻辑关系的前提下，采取工期-成本优化，原进度计划的最优调整方案是什么？为什么？此时直接费将增加多少万元？

【案例 4】
某繁忙干线铁路增建二线隧道工程，长度 4500m，起讫里程为 DK85＋000～DK89＋500，位于西南多雨山区。新建隧道与营业线隧道均为单线隧道，净间距为 7～30m。经调查，营业线经过近三十年运营，营业线隧道存在衬砌厚度不够、拱墙背后局部脱空、拱墙有裂缝和局部剥落等病害。新建隧道所穿地层为Ⅳ、Ⅴ级软弱围岩，岩溶发育，有 5 条富水断层，洞口上方存在较厚松散坡积体。

施工中发生以下事件：

事件 1：项目经理部工程部编制了洞口施工技术交底书，主要内容有：洞口边仰坡防护、超前支护、洞口开挖和锚喷支护。经项目总工审查，发现缺少一些关键内容，退回工程部补充完善。

事件 2：项目经理部计划在新建隧道完工后，对营业线隧道与既有线路一起加固和大修。4 月 1 日上午 8 时，新建隧道进行开挖爆破施工，营业线隧道拱顶发生掉块，砸到正通过该隧道的一列货车，导致该货车 5 节车辆脱轨；事故发生后，项目经理部果断设置防护，并自行组织救援；8 时 15 分，铁路运营部门发现线路中断，立即通知本单位铁路救援队赶往现场救援；铁路救援队于 9 时 20 分赶到事发地点，13 时 50 分，脱轨货车拖离现场，14 时 20 分，另一货车限速慢行通过事发地段，随后逐渐恢复正常运营。事故造成直接经济损失达 850 万元。

【问题】
1. 根据背景资料，列出本工程施工安全的主要重大危险源。
2. 根据事件 1，补充洞口施工技术交底书缺少的关键内容。
3. 根据《铁路交通事故应急救援和调查处理条例》，指出事件 2 中的事故等级，并说明理由。
4. 为了防止事件 2 中事故再次发生，应采取哪些施工安全措施？

【案例 5】
某集团公司承建某新建铁路工程，技术标准为单线 I 级铁路。工程内容包括：路基、桥梁、隧道及轨道工程（不含"三电"）。

该工程投标书编制的施工方案为：全标段划分为两个工区并安排两个综合子公司平行组织施工；轨道采取人工铺轨，T 梁预制分别在 1 号、2 号特大桥桥头设置预制场，T 梁采用架桥机架设，隧道采取进、出口相向作业；土建工程工期为 30 个月。工程分布与工区划分如图 2 所示。

项目经理部进场后，发生了以下事件：

事件 1：项目经理部设立了工程管理部、财务部、物资设备部、中心试验室、综合办公室，并计划对两个工区按专业配备施工队伍。

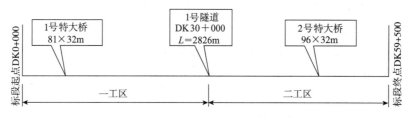

图 2　工程分布与工区划分

事件 2：施工队伍进场前，业主要求隧道工程必须由专业隧道公司承担施工，项目经理部据此对施工任务进行了重新划分。

事件 3：项目经理部对轨道工程确定的主要控制工序有：循环整道、初步整道、人工布轨、路基（桥梁）上砟、轨枕道钉锚固、人工摆放轨枕、路基成型、路基（桥梁）补砟。

事件 4：项目经理部在 1 号、2 号特大桥桥头分别设置制梁场，并配备了装梁用龙门起重机等主要架梁机械。

【问题】

1. 根据背景资料给出二工区所需的专业施工队伍名称及数量。
2. 指出事件 1 中，项目经理部缺少设立的两个关键职能部门。
3. 针对事件 2，指出重新划分后合理的施工工区数量，并说明各工区施工范围。
4. 针对事件 3，列出正确的轨道工程施工流程。
5. 针对事件 4，现场架梁还应配备哪些主要机械？

综合测试题（一）参考答案

一、单项选择题

1. B；　2. A；　3. D；　4. C；　5. B；　6. A；　7. D；　8. D；
9. D；　10. C；　11. A；　12. B；　13. D；　14. C；　15. C；　16. D；
17. D；　18. A；　19. D；　20. B

二、多项选择题

1. A、B、D、E；　2. A、B、D、E；　3. C、D、E；　4. A、B、D、E；
5. A、B、E；　6. A、C、E；　7. A、C、D、E；　8. B、C、D、E；
9. B、D；　10. A、B、C、E

三、实务操作和案例分析题

【案例 1】答：

1. 不正确。理由：

（1）遗漏了营业线安全防护方案；

（2）群桩不应同时开挖，应由两侧向中间间隔开挖，开挖完成后及时灌筑混凝土，成桩 1d 后才可开挖邻桩；

（3）紧邻既有铁路的软石路堑宜采用机械开挖或控制爆破。

2. 正确做法：

（1）试验段位置应选择在断面及结构形式具有代表性的地段及部位；
（2）试验段长度选择应不小于100m。

3．（1）填料含水率控制范围；（2）压路机碾压行走速度；（3）施工工艺流程；（4）压实检测情况分析。

4．正确做法：
（1）台背过渡段应与桥台锥体同步填筑；
（2）在大型压路机碾压不到的部位及台后2.0m范围，应采用小型振动压实设备碾压；
（3）填料铺筑厚度不宜大于20cm。

【案例2】答：
1．事件1中的梁部施工还需要配置的主要施工设备有：挂篮、钢筋加工设备、张拉设备（或预应力设备）、混凝土拌和设备、混凝土振捣设备。

2．事件2中施工方案不妥之处的正确做法：
（1）脚手架为独立体系（或与模板分离或不得与模板相接）；
（2）预压重量应不小于最大施工荷载的1.1倍（预压重量应大于最大施工荷载或预压重量应大于浇筑的混凝土重量）。

3．事件3中技术交底内容的不妥之处的正确做法：
（1）梁体线形应在各梁段分别调整，不可集中调整；
（2）先张拉纵向预应力，再前移挂篮；
（3）必须在施工当天梁体温度最低时锁定；
（4）合龙段施工后，应先张拉底板预应力钢筋再拆除临时固结。

【案例3】答：
1．关键线路为①→②→③→⑥→⑦→⑨。由于E为关键工作，原计划总时差为0，所以，拖后2个月，影响工期2个月。

2．进度计划调整（工期-成本优化）：
根据背景，按工期费用优化方法调整7个月后的进度计划。
（1）执行7个月后的剩余网络进度计划如图3所示。

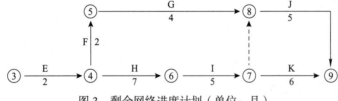

图3 剩余网络进度计划（单位：月）

（2）确定缩短工作：可缩短的工作有H、I、K。$\Delta C_{min} = 4.0$万元/月，即首先缩短K工作。
（3）确定缩短时间：ΔD_K个月。
（4）直接费增加值：$C_1 = 4.0 \times 1 = 4.0$万元
（5）绘出新的网络进度计划如图4所示。

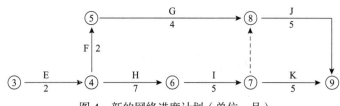

图 4　新的网络进度计划（单位：月）

（6）第二次调整：可缩短的工作有 H、I、J + K。$\Delta C_{min} = 4.5$ 万元/月，即缩短 I 工作：$\Delta D_{6-7} = 2$ 个月。

因为达到原计划的工期只需缩短 1 个月，所以，只缩短 1 个月工作，直接费增加到：

$$C_2 = C_1 + 4.5 \times 1 = 8.5 \text{ 万元}$$

故得出：缩短 I、K 两项工作各 1 个月为最优调整方案，既可满足工期要求，所增费用又最少，此时直接费增加 8.5 万元。

【案例 4】答：

1．本工程施工安全的主要重大危险源：营业线运营安全、隧道坍塌、突泥突水、泥石流、隧道爆破。

2．洞口施工技术交底书缺少的关键内容：营业线防护、洞口截排水。

3．根据《铁路交通事故应急救援和调查处理条例》判定事件 2 为较大事故。因为此事故中断繁忙干线行车 6h20min，而大于 6h 以上的为较大事故。

4．防止事件 2 中事故再次发生应采取的施工安全措施：（1）先加固营业线隧道，后新建隧道施工；（2）新建隧道采用机械或减振控制爆破或短进尺，弱爆破；（3）加强营业线隧道的监测和观察；（4）新建隧道利用"天窗"时间爆破；（5）建立统一的应急救援体系。

【案例 5】答：

1．二工区所需的专业施工队伍名称及数量为：隧道队 1 个，路基队 2 个，桥梁队 1 个，制梁队 1 个，架梁队 1 个，轨道队 1 个。

2．项目经理部缺少设立的两个关键职能部门是：安全质量环保部和计划合同部。

3．（1）重新划分后合理的施工工区是：增加一个工区，由两个工区调整为三个工区。

（2）各工区施工范围为：

一工区：起点至隧道进口。

二工区：隧道进口至隧道出口。

三工区：隧道出口至终点。

4．正确的轨道工程施工流程是：路基成型→路基（桥梁）上砟→轨枕道钉锚固→人工摆放轨枕→人工布轨→初步整道→路基（桥梁）补砟→循环整道。

5．现场架梁还应配备的主要机械是：架桥机、运梁车。

综合测试题（二）

一、单项选择题（共20题，每题1分。每题的备选项中，只有1个最符合题意）

1. CP Ⅲ 建网前复测应遵循的原则是（　　）。
   A．CP Ⅰ 控制点应全部采用原测成果
   B．CP Ⅰ 控制点应全部采用复测成果
   C．CP Ⅱ 控制点应全部采用原测成果
   D．CP Ⅱ 控制点应全部采用复测成果

2. 铁路隧道施工测量中，相向开挖相同贯通里程的中线点在空间不相重合，此两点在空间的连线误差在高程方向的分量称为（　　）。
   A．纵向贯通误差　　　　　　B．横向贯通误差
   C．水平贯通误差　　　　　　D．高程贯通误差

3. 在特种水泥中，对抗折要求较高的路面工程一般采用（　　）。
   A．大坝水泥　　　　　　　　B．普通硅酸盐水泥
   C．道路硅酸盐水泥　　　　　D．砌筑水泥

4. 钢筋原材料进场检验项目中，热轧圆盘条、热轧光圆钢筋、热轧带肋钢筋、余热处理钢筋等的检验项目有外观检查、（　　）、屈服点、伸长率、冷弯试验。
   A．反复弯曲　　　　　　　　B．松弛性能
   C．抗拉强度　　　　　　　　D．疲劳测试

5. 当用于评定的样本容量小于 10 组时，可采用（　　）评定混凝土强度。
   A．加权平均法　　　　　　　B．标准差已知的统计方法
   C．小样本方法　　　　　　　D．专家评估方法

6. 关于普通填料分类相关规定的说法，正确的是（　　）。
   A．A 组填料分为 A1、A2、A3 组
   B．B 组填料分为 B1、B2 组
   C．C 组填料分为 C1、C2 组
   D．D 组填料分为 D1、D2 组

7. 振动碾压按（　　）顺序进行，碾压遍数按工艺试验确定遍数控制。
   A．静压、弱振、强振、弱振、静压
   B．弱振、静压、强振、弱振、静压

C．弱振、静压、弱振、静压、强振

D．强振、弱振、静压、弱振、强振

8．采用横、竖挡板支撑及钢（木）框架支撑施工方法，在施工完毕拆除支撑时，应（　　）分段拆除，拆一段回填夯实一段。
  A．自上而下   B．自下而上
  C．自左向右   D．自右向左

9．适用于反循环旋转钻孔清孔方式的是（　　）。
  A．吸泥法清孔   B．换浆法清孔
  C．掏渣法清孔   D．高压射风（水）辅助清孔

10．根据铁路隧道岩石结构面结构程度划分标准，某隧道岩体结构面特征为张开度小于1mm，结构面平直，钙泥质胶结或无充填物，据此可判定该岩石结合程度为（　　）。
  A．结合好   B．结合一般
  C．结合差   D．结合很差

11．关于螺旋道钉锚固作业要求的说法，错误的是（　　）。
  A．螺旋道钉用硫磺水泥砂浆锚固
  B．铺固方法宜采用正锚，螺旋道钉用模具定位
  C．螺旋道钉应与承轨槽面垂直，歪斜不得大于2°
  D．硫磺水泥砂浆注入孔内时的温度不得低于130℃

12．下列轨道板铺设工序中，属于"自密实混凝土层钢筋安装"紧后工序的是（　　）。
  A．隔离层表面清理   B．轨道板粗调
  C．轨道板现场检查   D．轨道板精调

13．下列焊接式设备防护遮栏施工工序中，属于"结构件调整"紧前工序的是（　　）。
  A．立柱定位   B．结构件安装
  C．立柱安装   D．接地线安装

14．变压器是利用电磁感应原理来改变交流电压的装置，主要功能除电流变换、阻抗变换、隔离、稳压外还应包括（　　）。
  A．电压变换   B．储存电能
  C．电容增加   D．功率提高

15. 数字移动通信系统（GSM-R）需进行接口性能调试，其中PCU与SGSN之间的接口为（   ）。
    A. Un 接口   B. Gb 接口
    C. Fa 接口   D. Um 接口

16. 关于信号电缆敷设的弯曲半径要求的说法，错误的是（   ）。
    A. 应答器尾缆弯曲半径不得小于电缆外径的10倍
    B. 内屏蔽数字电缆弯曲半径不得小于电缆外径的20倍
    C. 综合护套信号电缆弯曲半径不得小于电缆外径的20倍
    D. 应答器数据传输电缆弯曲半径不得小于电缆外径的20倍

17. 新建高速铁路需要与既有普速铁路交叉，优先选择（   ）方案。
    A. 涵洞下穿   B. 铁路上跨
    C. 平面交叉   D. 隧道下穿

18. Ⅰ类变更设计文件一般应在会审纪要下发后（   ）日内完成，特殊情况下Ⅰ类变更设计文件完成时间由建设单位商勘察设计单位确定。
    A. 20   B. 25
    C. 30   D. 35

19. 项目管理机构是合同管理主体，项目管理机构的合同归口管理部门是（   ）。
    A. 工程管理部   B. 物资设备部
    C. 计划合同部   D. 综合办公室

20. 工程施工质量验收，最基本的检验单元是（   ）。
    A. 分项工程   B. 检验批
    C. 分部工程   D. 单位工程

二、多项选择题（共10题，每题2分。每题的备选项中，有2个或2个以上符合题意，至少有1个错项。错选，本题不得分；少选，所选的每个选项得0.5分）

1. 线下工程施工前，设计单位向施工单位提交控制测量成果资料。现场交接的桩橛有（   ）。
    A. CP0 控制桩   B. CPⅠ控制桩
    C. CPⅡ控制桩   D. CPⅢ控制桩
    E. 线路水准基点桩

2. 涵洞施工放样定位的方法包括（   ）。
    A. 偏角法   B. 测距法
    C. 极坐标法   D. 直线延伸法

E．逐渐趋近法

3. 混凝土的耐久性指标应根据（　　）确定。
   A．结构设计使用年限　　　　B．水泥用量
   C．所处环境类别　　　　　　D．作用等级
   E．拌和设备

4. 关于钢绞线表面质量要求的说法，正确的有（　　）。
   A．钢绞线表面不得有油、润滑脂等物质
   B．钢绞线表面不得有影响使用性能的有害缺陷
   C．不允许存在轴向表面缺陷
   D．允许钢绞线表面有轻微浮锈
   E．钢绞线表面允许存在回火颜色

5. 铁路施工中常用的降水措施有（　　）。
   A．特大井点降水　　　　　　B．大井点降水
   C．小井点降水　　　　　　　D．深井点降水
   E．浅井点降水

6. 关于钢吊箱围堰施工要求的说法，正确的有（　　）。
   A．吊箱围堰适用于低桩承台
   B．吊箱围堰可在浮箱上组拼
   C．吊箱围堰施工平台可利用正式桩
   D．吊箱围堰封底厚度不宜小于0.5m
   E．封底混凝土浇筑后，进行吊箱内抽水，浇筑承台

7. 隧道围岩监控量测的目的有（　　）等。
   A．验证支护结构效果
   B．确定初期衬砌施作时间
   C．提供有关围岩稳定性信息
   D．监控工程对周围环境的影响
   E．积累量测数据，为以后类似工程提供借鉴

8. 在铁路线路附近常用的电缆敷设方式有（　　）等。
   A．电缆拖车敷设　　　　　　B．电缆夹层敷设
   C．绞磨机牵引敷设　　　　　D．电缆架空敷设
   E．人工敷设

9. 下列高压电器设备中，属于铁路牵引供电用的有（　　）。

A．高压断路器 B．合闸线圈
C．隔离开关 D．高压熔断器
E．电流互感器

10. 根据工程实施时必须落实质量"红线"制度，下列行为中，属于不得进行后续施工的有（　　）。
A．结构物沉降评估不达标 B．桥梁收缩徐变不达标
C．锁定轨温不达标 D．工序数量不达标
E．联调联试不达标

三、实务操作和案例分析题（共5题，1、2、3题每题20分，4、5题各30分）

【案例1】

某段新建高速铁路路基工程，主要施工内容有路堑土方开挖和路堤填筑。路堤段长度为300m，最大填筑高度为8m，所经地段大部分为水田，设计判定为软弱地基；路堤基床底层设计采用改良土填筑，基床表层设计采用级配碎石填筑，路堤填筑完成后需要堆载预压。依据现行《高速铁路路基工程施工技术规程》Q/CR 9602的规定，路基沉降观测频次见表1。

表1 路基沉降观测频次

观测阶段	观测期限	观测频次
填筑及堆载	一般	1次/d
	沉降量突变	2~3次/d
	两次填筑间隔时间较长	A
堆载预压及路基填筑完成	第1~3个月	1次/周
	第4~6个月	B
	6个月以后	1次/月
轨道铺设后	第1个月	1次/2周
	第2~3个月	1次/月
	3个月以后	C

施工中发生了以下事件：

事件1：在进行路堑开挖前，施工队开挖了堑顶临时截水沟，并对沟底进行了夯实，以防止渗漏；当路堑开挖至基底底层时，发现有坑穴，局部软弱，施工队为了不影响现场施工，直接挖开坑穴，对其进行了分层夯填处理。

事件2：路堤填筑施工前，项目经理部编制的路基沉降观测方案为：观测内容包括地基沉降和侧向水平位移；沉降观测采用三等水准测量；观测断面设置的间距为150m。

事件3：在填筑路堤基床底层改良土施工前，项目经理部给施工队技术交底的内容为：基床底层进行分层填筑，分层的最大压实厚度不大于35cm，最小压实厚度不小于

10cm；依据沉降观测数据控制填筑速率，边桩侧向水平位移量和路堤中心地面沉降量每天均不得大于10mm，沉降值一旦超过该指标时应放慢填筑速度。

【问题】

1. 分别给出表1中A、B和C所代表的观测频次。
2. 针对事件1中做法的不妥之处，给出正确做法。
3. 针对事件2中路基观测方案的不妥之处，给出正确做法。
4. 针对事件3中技术交底内容的不妥之处，给出正确做法。

【案例2】

某公司项目经理部承建某铁路第三标段，起止里程为DK1013＋100～DK1025＋850。设计资料显示标段内有正线桥梁11座，共有圆端形墩身89个，墩身形式有实心、空心两种，墩身坡比分别为35∶1、38∶1、42∶1，其中墩高30m以下空心墩2个；有2个桥台位于隧道口，施工场地狭窄，交通困难，桩基为钻孔灌注桩，桩径均为1.25m，桩长分别为12m、14m。根据施工方案，墩身内、外模板均要求采用定型钢模，且不改造后利旧。施工过程中发生了下列事件：

事件1：项目经理部采用架子队模式组织施工，经招标选用了有资质的某劳务公司组建架子队承担桥梁墩身施工。双方签订了劳务承包合同，合同约定："架子队管理人员及技术人员由劳务公司人员担任，施工机械由劳务公司自带，定型模板及主要材料由项目经理部供应，劳动合同由项目经理部与劳务人员签订"。

事件2：桥梁工程施工前，项目经理部工程部部长组织编写完技术交底资料，立即下发给架子队，架子队技术负责人召开会议对班组长及全体劳务人员进行了技术交底宣讲，技术交底资料经工程部编制人员及工程部部长签字后存档。公司对项目经理部技术交底资料进行了检查，指出了存在的问题并责令整改。

事件3：项目开工一个月，公司与项目经理部签订了责任成本合同，明确项目成本预算目标为43500万元。施工过程中成本费用变化情况为：设计变更增加成本500万元，因质量问题返工增加成本200万元，因发生安全事故赔偿60万元，因市场变化材料价格上涨增加费用300万元，优化施工方案降低成本160万元。工程竣工后，公司按照成本管理动态调整原则，对项目成本预算目标进行了调整，并确定了项目经理部竣工考核成本预算目标。

【问题】

1. 针对事件1中项目经理部架子队管理的不妥之处，给出正确做法。
2. 根据背景资料，从降低成本和方便施工的角度分析，该桥梁工程设计方案有哪些方面可以优化？如何优化？
3. 针对事件2中的不妥之处，给出正确做法。
4. 事件3中，项目经理部竣工考核成本预算目标是多少万元？（列式计算）

【案例3】

某施工单位承建高速铁路某隧道工程。该隧道正洞长12600m，进口平行导坑长4400m，出口平行导坑长4500m。隧道围岩岩性主要为凝灰岩，局部为花岗岩，全隧道设计以Ⅱ级、Ⅲ级围岩为主；局部地段隧道埋深浅，围岩破碎、软弱，地下水发育，设计为Ⅴ级围岩，地表有大量稻田，村庄密集。根据施工组织设计，全隧道按进、出口两个工区组织施工。施工中发生了以下事件：

事件1：项目经理部计划在隧道进、出口平行导坑均采用压入式管道通风方案，正洞采用混合式管道通风方案。

事件2：正当对隧道进口正洞掌子面进行钢拱架支护作业时，监控量测组反映仰拱开挖地段的隧道拱顶下沉量测数据发生突变，建议值班领工员采取措施。该领工员经过仔细观察，发现该段隧道拱顶喷射混凝土表面已局部开裂，情况比较危险。为了避免隧道塌方，他立即安排一部分掌子面现场作业人员在隧道拱顶变形部位补打锚杆，加强初期支护。

事件3：在隧道出口正洞开挖时，掌子面围岩突然变差，围岩破碎，渗水量明显增大。施工单位立即将这一情况报告给监理单位，申请将掌子面前10m范围的隧道围岩由原设计Ⅲ级围岩变更为Ⅴ级围岩。监理工程师现场核实后随即签发变更指令。

【问题】

1. 针对背景资料，给出合理的隧道治水原则，并说明理由。
2. 针对事件1，指出该项目经理部采取的隧道通风方案的不妥之处，并给出合理方案。
3. 指出事件2中领工员做法的错误之处，并给出正确做法。
4. 针对事件3，指出隧道围岩类别变更程序的错误之处，并给出正确的变更程序。

【案例4】

某单线铁路车站（图1），在复线施工中需将站台抬高10cm，原先的两股到发线有效长度为850m，新增的到发线有效长度为1050m。

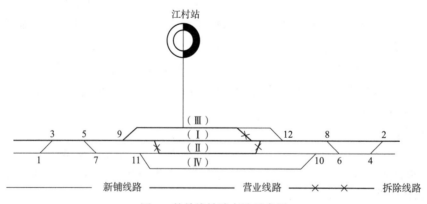

图1 某单线铁路车站示意图

【问题】

1. 写出车站施工过渡方案。
2. 写出全部单号道岔铺设方案和作业内容。
3. 写出临时要点封锁施工程序。

【案例 5】

某新建高速铁路站前工程第二标段线路平面布置如图 2 所示。

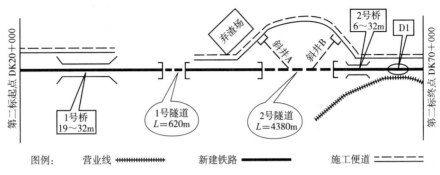

图 2 线路平面布置示意图

主要工程情况如下：

路基土石方共 60 万 m³。如图 2 中所示 D1 是在营业线旁的帮宽路堤。该段营业线路堤填料为透水性材料。

双线桥梁两座，均为旱桥，墩高 8~10m，桥址处地形平缓、地质良好，上部结构均为跨径 32m 简支箱梁。箱梁由本标段自行负责施工；设计要求箱梁采用预制架设或支架现浇，具体施工方案由施工单位自行选择并按建设管理有关规定办理审批手续。

单洞双线隧道两座，均无不良地质，其中 2 号隧道围岩为Ⅲ级、Ⅳ级和Ⅴ级，三种围岩的长度各占 1/3，Ⅳ级和Ⅴ级围岩在进口和出口段均衡分布。隧道均采用钻爆法施工，洞渣弃运至图示弃渣场。由于工期紧张，需要对 2 号隧道增加斜井，图 2 中拟定的斜井 A 和斜井 B 处均具备斜井设置的条件，只需选择其中一个斜井进行施工；两个拟定的斜井长度均为 300m，纵坡均为 5%，洞口地势均较为平缓；斜井 A 围岩为Ⅲ级，斜井 B 围岩为Ⅴ级。

全线铺设 CRTSⅠ型双块式无砟轨道。施工单位制定的轨道工程施工方案为：（1）无砟轨道在全线正式施工前，进行首件工程施工，首件工程由监理单位选定。（2）浇筑的道床板混凝土终凝后，及时松开螺杆调整器、扣件，释放钢轨温度应力。具体松开螺杆调整器和扣件的时机需要根据施工环境温度提前通过试验确定。（3）铺设区间无缝线路时，工地钢轨焊接方法优先采用铝热焊。

根据合同约定，施工单位要按设计要求，在站前工程施工中为"四电"专业提供必要的接口条件。

本标段总工期为 36 个月，其中隧道工期为 24 个月。本工程为总价承包合同。

【问题】

1. 根据背景资料，帮宽路堤本体应采用什么填料？说明理由。
2. 根据背景资料，本标段箱梁应选择何种施工方案？说明理由。
3. 根据背景资料，应选择哪个斜井设置方案？说明理由。
4. 针对施工单位制定的轨道工程施工方案的不妥之处，写出正确做法。
5. 根据背景资料，写出站前工程专业为电力工程专业提供的接口内容。

综合测试题（二）参考答案

一、单项选择题

1. D； 2. D； 3. C； 4. C； 5. C； 6. D； 7. A； 8. B；
9. A； 10. B； 11. B； 12. B； 13. C； 14. A； 15. B； 16. C；
17. B； 18. C； 19. C； 20. B

二、多项选择题

1. A、B、C、E； 2. A、C、D； 3. A、C、D； 4. A、B、D、E；
5. B、C； 6. B、C、E； 7. A、C、D、E； 8. A、C、E；
9. A、C、D； 10. A、B、C、E

三、实务操作和案例分析题

【案例1】答：

1. 表1中所代表的观测频次：A为1次/3d、B为1次/2周、C为1次/3月。

2. 事件1中做法不妥之处的正确做法：（1）需对截水沟进行铺砌或采取其他防渗措施，并安排专人经常检查排水情况；（2）发现坑穴应及时向监理、设计单位反映，申请变更（变更设计）。

3. 事件2中路基观测方案不妥之处的正确做法：（1）沉降观测应采用二等水准测量；（2）观测断面间距设置应根据设计确定，但不超过100m。

4. 事件3中技术交底内容不妥之处的正确做法：（1）分层的最大压实厚度不大于30cm；（2）边桩侧向水平位移量每天不得大于5mm；（3）沉降值一旦超标，应立即停止填筑，加强观测。

【案例2】答：

1. 正确做法：

（1）架子队主要管理人员应由施工企业（公司）正式职工担任；

（2）施工机械及基本施工机具应由施工企业（公司、项目经理部）配置（提供）；

（3）劳动合同应由劳务公司与劳务人员签订。

2. 可优化的设计方案有：（1）墩身坡比；（2）墩身形式；（3）桩基成孔方式。

设计方案可以优化为：

（1）墩身坡比做到统一，提高模板利用效率；

（2）低于30m空心墩可以优化为实心墩；

（3）靠近隧道口处桥台钻孔桩改为人工挖孔桩。

3. 正确做法：

（1）技术交底应分级进行，项目总工程师（技术主管）应对项目经理部各部室及技术人员交底，项目经理部技术人员应向架子队技术负责人进行技术交底，架子队技术负责人应对班组长及全体劳务人员进行技术交底。

（2）技术交底资料应由全体参加交底人员签字并存档。

4. 43500＋500＋300＝44300万元

【案例3】答：

1. 项目经理部应按以堵为主、限量排放的原则进行治水。理由：因为该隧道局部地段埋深浅，地表有大量稻田，村庄密集，项目经理部必须按正确的原则，制定施工方案，进行有效治水，防止地表失水。

2．不妥之处：在隧道进、出口正洞采用混合式管道通风方案。

合理方案：在隧道进、出口正洞均利用平行导坑进行巷道式通风。

3．错误之处：当发现监控量测数据突变、喷射混凝土表面出现异常开裂等险情时，该领工员还在组织作业人员继续施工。

正确做法：应安排现场全部作业人员立即撤离现场，并尽快向项目经理部（或工区）汇报紧急情况。

4．错误之处：施工单位未及时向业主单位报告；监理单位无权单方签发变更指令。

正确的变更程序：施工单位向业主立即报告情况，由业主组织勘测设计单位、监理单位、施工单位到现场进行确认，由勘测设计单位进行围岩类别变更，业主审查通过后，施工单位现场施工，监理单位检查验收。

【案例4】答：

1．车站施工过渡方案：

（1）施工与营业线无干扰的增建二线（Ⅱ）线及（Ⅱ）线上的到发线（Ⅳ）。

（2）12号道岔预铺插入，铺设（Ⅲ）道延长部分及旧岔拆除，12号道岔利用旧岔信号做平移。

（3）行车走（Ⅲ）道形成过渡，9号与12号道岔直股锁闭，侧股开通，（Ⅰ）线、（Ⅱ）线股道区进行抬高改造施工，（Ⅱ）线两端道岔拆除。

（4）要点临时封锁，9号、12号道岔一次抬高10cm。

（5）行车走（Ⅰ）道，（Ⅲ）道封锁，9号与12号道岔直股开通，侧股锁闭。

（6）抬高（Ⅲ）道，恢复（Ⅲ）道行车。

（7）施工过渡完成。

2．单号道岔铺设方案和作业内容：

（1）1号、7号、11号道岔采取原位组装铺设方案，其作业内容有铺砟碾压、铺岔枕、铺轨、精细整道（岔）。

（2）3号、5号道岔采取侧位预铺插入的铺设方案，其作业内容有预铺道岔、要点封锁、整体滑移、恢复信号连接、精细整道（岔）。

3．临时要点封锁施工程序：

（1）提前1个月递交申请报告；

（2）批准后进行施工准备；

（3）实施前1h施工单位安全人员驻站；

（4）设置施工标识，封锁作业至完成；

（5）检查线路与信号，解除封锁，撤除移动施工标识牌；

（6）施工人员撤出，驻站人员撤出。

【案例5】答：

1．帮宽路堤本体应采用的填料：砂砾石或碎石或渗水土等透水性材料。

理由：（1）上述材料首先是符合高铁路基填料要求。（2）营业线的路堤是透水性材料，新线路基应选用与营业线透水性相同的填料（或透水性更好的填料）。（3）选用透水性材料能保证新线及营业线路堤的排水（或防止路基病害产生）。

2．本标段箱梁应选择支架现浇的施工方案。

理由：（1）预制架设方案需设置预制场和大型运架设备（或投入大），不适合孔跨少的工程，而本标段箱梁数量少，且分散。采用支架现浇比预制架设能降低成本。（2）桥墩不高，地形、地质条件良好，具备支架现浇条件。（3）运梁需要过隧道，隧道施工制约着架梁工期，但不制约现浇方案的工期。

3．根据背景资料，2号隧道拟定的斜井位置应选择斜井A设置方案。

理由：（1）斜井A的围岩比斜井B的围岩好，能降低施工安全风险和加快施工进度。（2）斜井A距离弃渣场近（或能降低成本）。

4．施工单位制定的轨道工程施工方案不妥之处的正确做法：（1）由建设单位或（业主单位）选定。（2）浇筑的道床板混凝土初凝后，应及时松开螺杆调整器、扣件，释放钢轨温度应力。（3）工地钢轨焊接应优先采用接触焊（或闪光接触焊或电阻焊）。

5．站前工程专业为电力工程专业提供的接口内容：电缆槽道、电缆上下桥锯齿孔、过轨预埋管（或过轨钢管）等条件。

网上增值服务说明

为了给一级建造师考试人员提供更优质、持续的服务，我社为购买正版考试图书的读者免费提供网上增值服务。**增值服务包括**在线答疑、在线视频课程、在线测试等内容。

网上免费增值服务使用方法如下：

1. 计算机用户

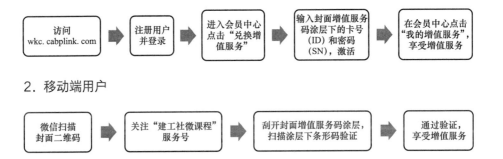

2. 移动端用户

注：增值服务从本书发行之日起开始提供，至次年新版图书上市时结束，提供形式为在线阅读、观看。如果输入卡号和密码或扫码后无法通过验证，请及时与我社联系。

客服电话：010-68865457，4008-188-688（周一至周五 9：00—17：00）

Email：jzs@cabp.com.cn

防盗版举报电话：010-58337026，举报查实重奖。

网上增值服务如有不完善之处，敬请广大读者谅解。欢迎提出宝贵意见和建议，谢谢！